*Für Mama und Papa, weil das Abenteuer USA ohne euch nicht möglich gewesen wäre.*

*Für Angelika und Klaus, weil ihr immer für mich da wart, als ich dachte, dass mich alle Engel verlassen haben.*

*To Cindy, David, Whitney, Matthew and Thomas because you proved that in as little as a year strangers can become family.*

# Der Nordosten der USA

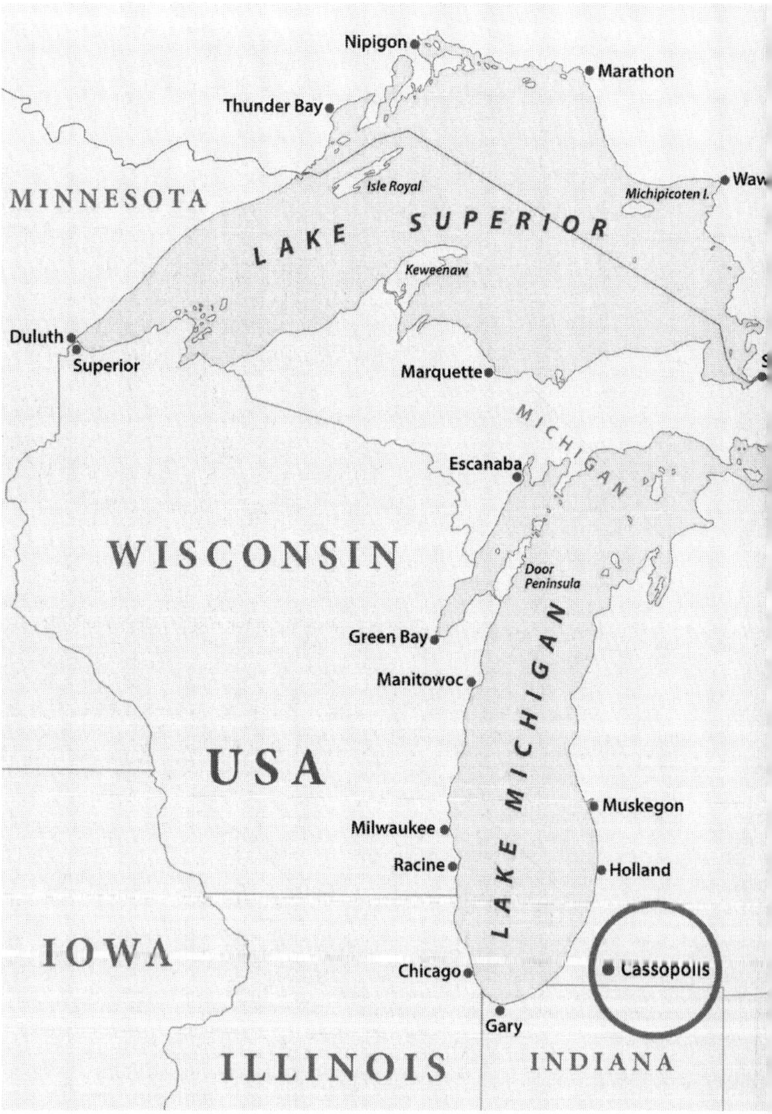

mit den Great Lakes

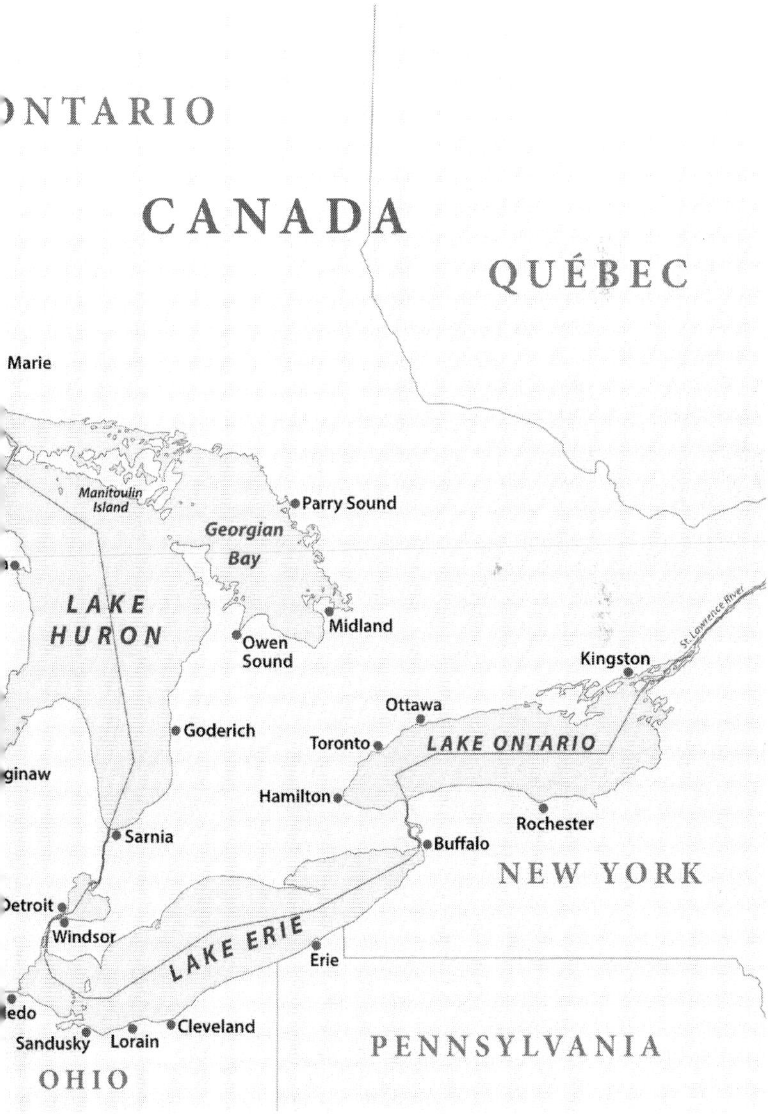

# Vorwort

Ein Austauschjahr bringt viele neue Erfahrungen und Erinnerungen mit sich. Man lernt sich selbst besser kennen, und am Ende des Jahres ist man immer etwas schlauer.

Auch ich habe mich auf dieses wunderbare Abenteuer einlassen dürfen und möchte nun allen, die es noch vor sich haben, ein paar Tipps und Ratschläge mit auf den Weg geben. Das Buch ist perfekt für ehemalige Austauschschüler, die die vielleicht spannendste Zeit ihres Lebens noch einmal Revue passieren lassen wollen, und für deren Familie und Freunde, die sich mit meiner Hilfe hoffentlich etwas besser in die Gefühlslage dieser „Weltenbummler" hineinversetzen können.

Menschen, die auf der ganzen Welt zu Hause sind oder es gerne wären, werden sich auf der einen oder anderen Seite selbst wiedererkennen und neue Reisepläne schmieden.

Zu guter Letzt hoffe ich, durch dieses Buch mit meiner Post-Austauschjahr-Depression umgehen zu lernen und auch anderen, die in meiner Situation sind, einen Weg aus dieser Traurigkeit zu ebnen.

Dieses Buch beruht auf meinen persönlichen Erlebnissen und Eindrücken während meiner Zeit in den Vereinigten Staaten von Amerika. Ich lebte bei einer Gastfamilie in Michigan und besuchte dort als 12.-Klässlerin die örtliche High School. Das ist meine Geschichte.

Weitere Informationen und Bilder zu meinem Austauschjahr in den USA findest du auf meiner Instagram- und Twitter-Seite.

Falls du Rückmeldungen oder Fragen zu dem Buch hast, würde ich mich sehr über eine Nachricht von dir freuen.

*Jeannette Asmus*

jeannette.austauschjahr@gmail.com

*„Traveling – it leaves you speechless,*
*then turns you into a storyteller.“*

*Ibn Battuta*

# Are you ready?

Das Austauschjahr beginnt wie jedes potenzielle Abenteuer mit der Frage, ob du wirklich dazu bereit bist, dich der Herausforderung zu stellen. Ohne die richtige Grundhaltung ist der Austausch zum Scheitern verurteilt, aber mit ihr kann er zum besten Jahr deines Lebens werden.

Bei mir fing der Gedanke über ein mögliches Schuljahr im Ausland wenig märchenhaft an. Es war nicht, wie bei manch anderen, mein Kindheitstraum gewesen. Nein, das erste Mal dass ich mich mit dem Thema Austauschjahr überhaupt auseinandersetzte, war bei einer dieser typischen Pausenhof- Unterhaltungen. Ich stand zu diesem Zeitpunkt kurz vor meinem letzten Jahr auf der Realschule, und so langsam fingen meine Mitschüler und ich an, uns über die Zeit nach unserem Abschluss zu interessieren. Immer öfter fragten wir uns gegenseitig, was wir für Pläne hätten. Ein Austauschjahr, war die Antwort einer meiner Freunde. Meine erste instinktive Reaktion - so etwas würde ich mich nie im Leben trauen. Einfach ans andere Ende der Welt reisen, ohne zu wissen, was mich erwartet? Niemals! Dafür war ich eindeutig zu schüchtern.

Außerdem hatte ich mir ja schon meine eigenen Pläne ganz genau zurechtgelegt. Für mich stand früher schon immer fest, was ich nach der Schule machen würde – studieren und Lehrerin an einer Grundschule werden.

Doch aus irgendeinem Grund wurde ich den Gedanken an ein Austauschjahr einfach nicht mehr los. Es schien mir verrückt, auch nur darüber nachzudenken, aber trotzdem konnte ich es einfach nicht lassen.

Dieses Pausengespräch öffnete mir die Augen, da bin ich mir heute sicher. Nicht nur die USA sind das Land der unbegrenzten Möglichkeiten. Nein, wir alle können das erreichen, was wir uns erträumen. Mir wurde schließlich bewusst, dass meine vorherigen Vorstellungen von meinem Leben lediglich so bescheiden waren, weil ich Angst hatte zu versagen. Aber diese Reise war das Risiko wert. Egal, was wir tun, egal welcher Herausforderung wir uns stellen, es besteht immer die Gefahr, dass etwas schiefgeht. Aber sich nicht darauf einzulassen, ist wie schon verloren zu haben.

Also fing ich an, Informationen über ein Austauschjahr zu sammeln. Zuerst ließ ich mir nur ein paar Infoblätter zuschicken, doch mein Interesse wurde allmählich immer größer. Im Internet fand ich viele Erfahrungsberichte und machte mich auch über die verschiedenen Organisationen schlau. Mit jeder gelesenen Seite wuchs mein Entschluss, mich auf dieses Abenteuer einzulassen. Ich bekam Bauchkribbeln und stellte mir jetzt schon vor, wie mein neues Leben in einem anderen Land wohl aussehen würde. Und da wusste ich, dass es genau das Richtige für mich war. Nur meinen Eltern hatte ich immer noch nichts davon erzählt. Ich rechnete zwar nicht damit, dass sie dagegen sein würden, aber trotzdem hatte ich Angst. Angst davor, dass das Abenteuer vorbei sein würde, bevor es überhaupt angefangen hatte.

Wie sich herausstellte, war diese Sorge vollkommen unbegründet. Meine Eltern haben mich beide von Sekunde eins an bei meinem Traum unterstützt. Diese Unterstützung lag vor allem darin, an mich zu glauben und mir Mut zu machen, und natürlich konnte ich diese Reise auch nicht ohne sie finanzieren. Alles andere, die Formulare, Anträge, alles Organisatorische, wollte ich alleine schaffen. Zum einen, um zu beweisen, dass dies mein eigener Wunsch war und nicht der meiner Eltern. Zum anderen wollte ich später einmal sagen können, dass ich diesen Erfolg mir selbst zu verdanken habe. Zurückblickend war das mein erster Schritt in die Selbstständigkeit.

Mir war von Anfang an bewusst, dass ein Auslandsjahr nicht günstig sein würde, immerhin lagen die Kosten im vierstelligen Bereich. Ich wusste auch, dass dies eine zu große finanzielle Belastung für meine Eltern darstellte. Außerdem wollte ich sie nicht um eine solche Geldsumme bitten, bevor ich diese nicht auf das Minimum geschrumpft hatte. Deshalb suchte ich auch viel nach Stipendien. Ein Austauschjahr sollte niemals an den Kosten scheitern. Es gibt viele Stipendien, für die du dich bewerben kannst, und die meisten Organisationen bieten Ratenzahlung an. Außerdem kannst und solltest du Auslands–Bafög beantragen. Selbst wenn du glaubst, dass du keine Chancen auf ein Stipendium hast, ist es doch immer einen Versuch wert.

Aber vor allem rate ich dir, Folgendes ganz genau zu bedenken, bevor du anfängst dich zu bewerben:

Ein Austauschjahr wird nicht automatisch zum besten Jahr deines Lebens. Das wird es nur, wenn du es dazu machst. Manchen Menschen werden hierbei mehr Steine in den Weg gelegt als anderen. Solche Steine können nicht nur die hohen Teilnahmegebühren sein, sondern auch die eigene Persönlichkeit. Du musst zum einen deine Schüchternheit überwinden und bereit sein, deine eigene Komfortzone zu verlassen. Außerdem fällt es manchmal aufgrund von Lebensumständen schwer, sich von seiner Heimat zu trennen.

Viele Bekannte sagen mir zum Beispiel, sie könnten ihre Familie und ihre Partner nicht für eine so lange Zeit verlassen. Wieder andere leiden unter Krankheiten, die besondere Aufmerksamkeit verlangen. Es ist also von großer Bedeutung, dich zu fragen, ob du zu alledem bereit bist. Bevor du die nächsten Schritte unternimmst, solltest du diese Frage zu hundert Prozent bejahen können. Das fällt nicht immer einfach, aber es wird sich lohnen.

Wenn du das aber nicht schaffst, dann ist für dich vielleicht noch nicht der richtige Zeitpunkt gekommen. Du solltest dich nicht gezwungen sehen, dich dem Abenteuer Austauschjahr zu stellen. Nicht von deinen Eltern oder den erhofften verbesserten Sprachkenntnissen, aber auch nicht von dir selbst, weil du dir ein besonderes Jahr und die Flucht aus dem Alltag erhoffst. In einigen Ausnahmefällen sind Austauschschüler nach wenigen Monaten in ihre Heimat zurückgereist, da sie der Herausforderung entweder nicht gewachsen oder aber nicht bereit waren, sich ihr zu stellen.

Egal, welche kleinen oder großen Steine dir im Weg liegen,

du kannst das Austauschjahr zu einer Zeit in deinem Leben machen, die du nie wieder vergessen wirst. Eine Zeit, an die du dich immer mit einem Lächeln auf den Lippen zurückerinnern wirst.

Falls du darüber nachdenkst, dich für eine so lange Zeit in eine andere Umgebung zu wagen, sollte dir noch etwas bewusst sein. Ein Austauschjahr bedeutet nicht nur, ein Schuljahr in einem anderen Land zu verbringen, sondern auch dein gewohntes Umfeld für diese Zeit zurückzulassen. Nur wenn du dich vollkommen auf dein neues Leben einlassen kannst, wirst du erfolgreich sein. Dafür reicht es nicht aus, körperlich in deinem Gastland anwesend zu sein. Viel wichtiger ist es, auch geistig voll und ganz dort anzukommen. Nur so kannst du alles um dich herum wahrnehmen und erfahren, wie das alltägliche Leben in deiner neuen Heimat wirklich ist. Es genügt nicht, nur mit einem Bein in den USA zu stehen und mit dem anderen in Deutschland zu bleiben. Nur wenn du bereit bist, für ein Jahr mit beiden Beinen – körperlich und geistig - Deutschland zu verlassen, wirst du dein Leben lang ein zweites Zuhause am anderen Ende der Welt haben.

Bist du bereit? Dann steht dir ein wundervolles und ereignisreiches Jahr bevor. Egal, für welches Land zu dich entschieden hast, du wirst eine neue Familie und Freunde dazugewinnen. „Ein Austauschjahr ist nicht nur ein Jahr in deinem Leben, es ist ein Leben in einem Jahr" (Unbekannt). Und es ist sogar noch viel mehr – es ist der Anfang deines neuen Ichs. Egal, wie groß die Veränderungen sind, der

Mensch, der seine Heimat für ein Jahr verlässt, ist nie genau derselbe, der schließlich wieder zurückkehrt.

Für die meisten ist die Frage, wo die Reise hingehen soll, am einfachsten zu beantworten, genauso wie für mich. Ich bin schon immer von den USA begeistert gewesen, obwohl ich nicht recht erklären kann, wo diese Faszination ihren Ursprung hat. Ich vermute, meine Eltern haben dazu ihren Teil beigetragen. Sie hatten mir schon viel von den Vereinigten Staaten erzählt, da sie selber auf ihrer Hochzeitsreise das Land kennen und lieben gelernt hatten. Die vielen Trends, Filme und Musik, die aus den USA nach Deutschland kommen, haben mein Interesse noch verstärkt. Für mich stand fest, dass ich unbedingt *The American Way of Life* kennenlernen musste.

Und obwohl einiges genauso war, wie ich es mir vorgestellt hatte, in manchen Dingen hatte ich mich auch von den unzähligen amerikanischen Filmen täuschen lassen. Aber dazu später mehr.

Wie jede große Reise muss auch ein Austauschjahr sorgfältig geplant werden. Die Vorbereitungen fangen deshalb schon ein Jahr im Voraus an. Und mit Vorbereitungen meine ich hauptsächlich alle möglichen Unterlagen, Anträge, Formulare und sonstigen Papierkram. Um das alles zu verstehen und auch keine wichtigen Details zu vergessen, braucht man eine gute Schüleraustausch Organisation.

Ich habe mich für *Youth For Understanding*, oder kurz YFU, entschieden und damit sehr gute Erfahrungen gemacht. Die

Hilfe beschränkt sich nicht nur auf das Ausfüllen der Unterlagen, sondern auch auf jeden anderen Aspekt des Austauschjahres. So gibt es neben den Seminaren in deinem Gastland auch eine Vorbereitungstagung, die dir zeigt, wie du mit den Herausforderungen und dem Kulturschock umgehen kannst.

Die Tagung ist auf die Besonderheiten deines Gastlandes abgestimmt. Dir werden die Ansprüche, die du als Austauschschüler geltend machen kannst, verdeutlicht, aber auch deine Pflichten aufgezeigt. Zum Beispiel sorgt deine Gastfamilie dafür, dass dir ein eigenes Bett und drei Mahlzeiten am Tag zur Verfügung stehen. Als Austauschschüler kommen zu den Gesetzen in deinem Gastland auch noch Vorschriften von der Organisation für Sprachreisen (bei mir YFU) dazu. So durfte ich beispielsweise weder Alkohol trinken noch Auto oder andere Fahrzeuge fahren.

Die Vorbereitungstagung hat mir zurückblickend sehr viel geholfen. Das liegt wahrscheinlich daran, dass sie von Menschen organisiert wurde, die sich mit dem Thema Austauschjahr bestens auskennen, und zwar nicht nur in der Theorie. Die Projektleiter der Vorbereitungstagung waren nämlich allesamt ehemalige Austauschschüler und Austauschschülerinnen.

Ein Aspekt der Tagung ist mir am meisten in Erinnerung geblieben. Gleich zu Beginn bekamen wir alle kleine Tüten. Nach jedem Regelverstoß oder Fehlverhalten gab uns einer der Betreuer dann eine Bohne, die wir in die Tüte geben und aufbewahren mussten, bis wir uns entschuldigt hatten. Und dabei reichte ein einfaches „Sorry“ oder „Entschuldigung“

nicht aus. Wir mussten auch sagen, wofür wir uns entschuldigen wollten.

Das Gemeine daran war, dass wir manchmal nicht die leiseste Ahnung hatten, wofür wir die Bohne bekamen. Gerade hatten wir uns zum Frühstück hingesetzt, da mussten wir auf einmal unsere Tüte hervorholen. Oder wir brachten ordnungsgemäß unser Geschirr weg, da kam schon die nächste Bohne. Und da wir nicht wussten, wofür wir uns entschuldigen sollten, wurden wir sie dann auch nicht mehr los.

Natürlich waren wir alle am Rätseln, was wir denn nun schon wieder falsch gemacht hatten. Und kurz vor dem Ende der Tagung hat es dann endlich jemand herausgefunden. Jeder, der mit dem linken Fuß zuerst in den Versammlungsraum trat, der bekam eine Bohne. Es war also eine total willkürlich aufgestellte Regel, von der keiner von uns hätte etwas ahnen können. Doch sie brachte mir eine wichtige Lektion bei.

In der amerikanischen Kultur gibt es, wie in jedem anderen Land, ungeschriebene Gesetze. Wie der Name schon verrät, kannst du diese noch gar nicht kennen. Du wirst wohl oder übel in das ein oder andere Fettnäpfchen treten müssen. Es kann also passieren, dass deine Gastfamilie aus irgendeinem dir unerklärlichen Grund verstimmt oder aufgebracht ist. Wenn du Glück hast, findest du selbst heraus, was du falsch gemacht haben könntest. Wenn nicht, musst du dir aber auch keine Sorgen machen. Deine Gastfamilie wird dir deinen Fehltritt verzeihen, schließlich bist du ja neu in der Familie.

Die Seminare, die auch während des Austauschjahrs stattfinden, sind aber nicht nur zum Lernen da. Dort habe ich andere Gleichgesinnte getroffen, mit denen ich meine Erfahrungen teilen konnte. Die Tagung vor meinem Abflug war jedoch mit Abstand die spannendste Woche in der langen Vorbereitungsphase. Die Betreuer erzählten uns von ihrer Zeit in unserer zukünftigen Heimat, und allein darüber zu reden, wo wir in ein paar Monaten sein würden, sorgte wieder für Herzrasen und Glücksgefühle. Außerdem hörten wir von den Betreuern ständig, wie gerne sie, wie wir, das Austauschjahr noch vor sich hätten, einfach, weil es so toll war.

Als ich auf diese Vorbereitungstagung aufbrach, wusste ich aber noch nicht mit Sicherheit, ob ich die Chance auf ein Schuljahr im Ausland wirklich bekommen würde. Ich wartete zu dem Zeitpunkt immer noch auf meinen Stipendienbescheid. Von vielen Seiten wurde ich deshalb belächelt. Ich wurde gefragt, wieso ich mir denn die Mühe mache, ein einwöchiges Seminar zu besuchen, wenn nicht einmal feststünde, ob ich es tatsächlich brauchen würde. Im Nachhinein glaube ich, dass sich diese Menschen noch nie etwas im Leben so sehr gewünscht haben, wie ich mir diese Reise. Wahre Träume fordern, dass du für sie kämpfst. Da erscheint mir eine Woche meiner Zeit und meines Geldes noch als kleiner Preis für den Kampf um meinen persönlichen *American Dream*.

Eine der schwersten Aufgaben in der Zeit vor dem Auslandsjahr ist das Warten. Das Warten auf deinen Abflug, aber zunächst einmal auf die Nachricht, dass eine Gastfamilie für dich gefunden wurde. Als Hilfestellung dafür schreibst du einen Brief an deine zukünftige Familie, und manche Organisationen, wie auch YFU, lassen dich eine Sprachaufnahme machen. Die hilft den Gastfamilien bei ihrer Entscheidung. Ich erinnere mich, dass ich meinen Text gefühlte fünfzig Mal aufgenommen habe, bis ich endlich zufrieden war. Gleichzeitig freundlich, interessant und fröhlich zu klingen und all das ohne monotone und ablesende Stimme, das fiel mir wohl noch nie so schwer wie in diesem Fall!

Ein Gedanke hat mich während der Zeit des Wartens sehr beruhigt; die Gastfamilien in den USA werden nicht für ihre Hilfe bezahlt. Damit soll gewährleistet werden, dass das Geld nicht der Grund für die Aufnahme eines Austauschschülers ist. Es zeigt, dass deine zukünftige Gastfamilie bereit ist, dich als ein neues Familienmitglied willkommen zu heißen. Denn auch für die Gastfamilie bringt es viele Veränderungen mit sich, auch wenn in erster Linie der Austauschschüler die Aufgabe hat, sich anzupassen.

An dieser Stelle möchte ich euch noch einen Rat geben, der mir sehr am Herzen liegt.

Oft habe ich von anderen zukünftigen Austauschschülern gehört, wie sie sich ihre amerikanische Familie vorstellen. Die Gasteltern sollen noch jung sein, viel mit ihnen umherreisen und ihnen natürlich alle Wünsche erfüllen. Ein eigenes Zimmer mit Bad wäre auch ganz schön und am liebsten ist die Familie nicht zu religiös, damit man nicht jeden Sonntag in die Kirche gehen muss.

Das ist wahrscheinlich der beste Weg, sich das Austauschjahr zu ruinieren, schon bevor es überhaupt angefangen hat.

Die einzigen Erwartungen, die ihr haben solltet, sind an euch selbst! Das sind nämlich die Hoffnungen, die wirklich wahr werden können, weil nur ihr alleine dafür verantwortlich seid. Sie sind nicht von Umständen oder vom Glück abhängig, sondern nur von eurer eigenen Einstellung.

An alles andere solltet ihr keine hohen Erwartungen stellen. Ihr könnt nicht beeinflussen, wie viele Kinder eure Gastfamilie hat oder wie groß eure *High School* ist. Aber ihr könnt entscheiden, wie ihr darauf reagieren und wie ihr mit der Situation umgehen wollt. Wieso solltet ihr eine Erfahrung negativ bewerten, bevor ihr sie überhaupt gemacht habt? Woher wisst ihr denn, dass euch die Kirchensonntage nicht letztendlich am meisten fehlen werden oder dass euch eure nicht mehr ganz so jungen Gasteltern nicht wahnsinnig ans Herz wachsen werden?

Die Chance auf eine neue Erfahrung schon im Vorhinein abzulehnen, ist wie ein geschenktes Auto zurückzugeben, weil man nicht weiß, ob man den Führerschein schafft. Stattdessen solltet ihr lernen, euch auf das Neue und Unbekannte einzulassen und das Beste daraus zu machen. Möglicherweise werdet ihr letztendlich sagen, dass das die beste Entscheidung war, die ihr hättet treffen können.

Ich würde zumindest lieber auf mein Leben zurückblicken und über die dämlichen, harmlosen Sachen lachen, die ich gemacht habe, als all das zu bereuen, was ich nicht gemacht habe.

" The life you have led doesn't need
to be the only life you have"

*Anna Quindlen*

## Your New Life

Das Kennenlernen der Gastfamilie läuft bei jedem etwas anders ab. Wenn du Glück hast, bekommst du schon sehr früh den lang ersehnten Brief mit den Kontaktdaten deiner Gastfamilie, vielleicht sogar einige Monate vor deiner Abreise. In diesem Fall hast du schon vor Beginn des Austauschjahres viel Zeit, deine neue Familie kennenzulernen.

Es kann auch sein, dass du erst kurz vor deiner Abreise das erste Mal mit deiner Gastfamilie sprichst oder aber dass du zuerst für ein paar Wochen bei einer Übergangsfamilie (*Welcome Family*) wohnst. Manchmal entscheidet sich diese Übergangsfamilie dann doch dazu, dich für das ganze Jahr bei sich aufzunehmen. Wie immer es bei dir ist oder sein wird, du solltest versuchen dich auf die Situation einzulassen. Auch wenn sich eine Übergangsfamilie erst einmal wie ein unschöner Start in dein Abenteuer anhört, kann daraus immer noch die beste Zeit deines bisherigen Lebens werden. Das wichtige ist, dass du eine positive Einstellung behältst. Lass dich nicht unterkriegen!

Ich habe meine Gastfamilie erst eine Woche vor meiner Abreise kennengelernt. Da meine Gasteltern schon vor mir wussten, dass ich ihr neues Familienmitglied werden würde, hatte ich auf einmal eine E-Mail von meiner Gastmutter im Posteingang, ohne zuvor den Brief von YFU bekommen zu haben. Das war vielleicht eine Überraschung! Und natürlich eine riesige Erleichterung.

Meine Gastmutter Cindy schrieb mir alles über das Dorf im Süden Michigans, in-dem ich bald wohnen würde und über die örtliche *High School*. Cindy und ihr Mann David hatten viele Tiere – eine ganze Menge Hühner, vier Truthähne, zwei Hasen, zwei Hunde und sogar zwei Esel. Davon war ich sehr begeistert, weil ich Tiere und vor allem Hunde über alles liebe. Sie hatten außerdem eine Tochter und einen Sohn, Whitney und Thomas. Beide waren schon erwachsen und hatten bereits ihre eigenen Familien gegründet. Auch darüber habe ich mich riesig gefreut! Ich habe zwar selbst zwei Geschwister (einen Bruder und eine Schwester), aber sie sind genauso alt wie ich, wir sind nämlich Drillinge. Wie fast immer im Leben wollte ich das, was ich nicht hatte – eine große Schwester oder einen großen Bruder, zu dem ich aufblicken kann. Und jetzt hatte ich sogar beides!

Kurz vor meiner Abreise habe ich dann sogar mit Cindy geskypt. Das war vielleicht eine komische Situation. Obwohl ich vorher noch so viele Fragen hatte, schien sich meine Sprache plötzlich von mir verabschiedet zu haben, als ich meine Gastmutter zum ersten Mal live sah. Manchmal hatte ich auch Probleme sie zu verstehen, aber sie gab sich große

Mühe, klar und deutlich zu sprechen, als sie meine verwirrten Blicke bemerkte.

Trotzdem waren wir uns auf Anhieb sympathisch. Sie versicherte mir, dass sie genauso aufgeregt war wie ich und versprach meinen Eltern, gut auf mich aufzupassen und dass sie sich keine Sorgen um mich machen müssten. Das fand ich so unglaublich lieb von ihr und auch meine Eltern schienen erleichtert zu sein. Nun wollte ich erst recht so schnell wie möglich in den Flieger steigen!

Cindy und David hatten vor mir schon mehrere Austauschschüler bei sich aufgenommen, aber das war nun schon mehr als zehn Jahre her.

Manche Austauschschüler wünschen sich, dass sie die einzigen sind, die von ihrer Gastfamilie aufgenommen werden. Ich habe sogar schon von anderen gehört, dass sie ihre amerikanische Familie darum baten, sich nicht wieder als Gastfamilie zur Verfügung zu stellen. Für mich war immer klar, dass ich das nicht tun würde. Ich bin so unendlich froh, dass ich diese wunderbare Chance auf ein Jahr im Ausland bekommen habe und ich würde niemals anderen Schülern diese Gelegenheit wegnehmen wollen. Ich will nicht leugnen, dass ich Angst davor hatte, nur eine von vielen zu sein, aber ich kann mit gutem Gewissen sagen, dass diese Sorge unbegründet war. Meine amerikanischen Eltern haben nach meiner Abreise wieder Austauschschüler aufgenommen und mein Verhältnis zu ihnen hat darunter nicht im Geringsten gelitten.

Ganz im Gegenteil – eigentlich ist es ganz aufregend so viele „Geschwister“ auf der ganzen Welt verteilt zu haben.

Denn genau wie ich, gehören auch sie nun zur Familie und somit auch zu meinem Leben. Auf diese Weise lerne ich den Rest der Welt kennen, ohne deutschen Boden verlassen zu müssen. Obwohl es natürlich auch ganz schön wäre, mir die Heimat meiner „Geschwister" eines Tages persönlich anzusehen.

Nach einer gefühlten Ewigkeit war es dann endlich soweit – der Tag meiner Abreise war gekommen, und zwei Tage nach meinem siebzehnten Geburtstag brachte mich meine Familie zum Flughafen. Allein die Reise war für mich schon fast so aufregend wie das, was mich danach erwarten würde. Ich bin vorher nämlich noch nie geflogen, und nun würde ich nicht nur mehr als 24 Stunden unterwegs sein und drei Mal umsteigen, sondern all das auch noch alleine. Aber immerhin hatte YFU an allen Flughäfen ehrenamtliche Mitarbeiter, die uns helfen würden, wenn wir Probleme hatten. Das beruhigte mich zumindest ein bisschen. Ich hatte zwar keine Angst vor dem eigentlichen Fliegen, aber davor, meinen Flug zu verpassen oder in den riesigen Flughafengebäuden die Orientierung zu verlieren. Schließlich waren mir Begriffe wie Gate oder Terminal bis dato gänzlich unbekannt. Und so etwas wie Orientierungssinn fehlte mir schon das ganze Leben. Noch heute sagt mir mein Vater, ich würde mich irgendwann in meiner eigenen Straße verlaufen. Vermutlich hat er Recht.

Als ich mich von meiner Familie verabschieden musste, war die Angst vor der Reise dann aber für einen Moment vergessen. Ich hatte Tränen in den Augen, als ich meine Eltern, meine Geschwister sowie meinen Onkel und meine Tante zum letzten Mal in die Arme schloss. Von meinen Freunden hatte ich mich schon vorher verabschiedet. Ja, ich war traurig, dass ich sie nicht mehr bei mir haben würde, aber längst nicht so traurig, wie ich es erwartet hatte. Dazu war ich viel zu aufgeregt. Die Wahrheit ist, dass ich zu diesem Zeitpunkt noch nicht realisierte, dass ich meine Familie für ein Jahr nicht sehen würde. Natürlich wusste ich es und hatte beschlossen, das in Kauf zu nehmen, aber es war innerlich noch nicht ganz zu mir vorgedrungen. Diese Erkenntnis hatte ich erst noch vor mir.

Nach mehr als 24 Stunden hatte ich es dann endlich geschafft. Ich war in den Vereinigten Staaten von Amerika angekommen, dem Land, das ich mir so lange in meinen Träumen ausgemalt hatte und das nun mein neues Zuhause werden würde. In dem kleinen Flughafen in Indiana war es so ruhig, dass man hätte meinen können, er wäre stillgelegt worden.

Nur ich war nicht ruhig. In meinem ganzen Leben hatte mein Herz noch nie so schnell geschlagen. In meiner Aufregung stellte ich mir die unsinnigsten Fragen, zum Beispiel ob ich meine Gastfamilie überhaupt sofort finden würde, obwohl ich ein auffälliges YFU Shirt trug und sie höchstwahrscheinlich ein Willkommensschild haben würden.

Ich holte also mein Gepäck und machte mich auf dem Weg zum Ausgang. Und schon sah ich plötzlich meine Gastmutter auf mich zu rennen. Sie hatte natürlich ein selbstgebasteltes Schild mit der Aufschrift „Welcome to the USA, Jeannette“ und sogar  Ballons und ein kleines Kuscheltierchen, das meinem kleinen weißen Hund ähnelte, von dem ich ihr erzählt hatte. Sie war so unglaublich aufgeregt, umarmte mich fröhlich und sagte mir, wie froh sie sei, dass ich endlich sicher angekommen sei. Als ich mich aus ihrer Umarmung löste, sah ich dann auch meinen Gastvater auf mich zu trödeln. Zuerst war ich mir nicht ganz sicher, ob er überhaupt zu Cindy gehörte, er schien nicht halb so aufgeregt wie sie. Um ehrlich zu sein, wirkte er fast etwas genervt und gelangweilt, dass er zu dieser unchristlichen Stunde noch am Flughafen sein musste, um irgendein deutsches Mädchen abzuholen. Ganz offensichtlich war er sehr viel entspannter als seine Frau, aber auch er freute sich, mich zu sehen und umarmte mich mit einem lässigen: „How ya doing?“

Die Autofahrt nach Hause war dann sehr ruhig, was vor allem an meiner Müdigkeit lag, denn auch in Indiana war es schon mitten in der Nacht. David versuchte sich mit mir zu unterhalten, aber er war so unglaublich schwer zu verstehen. Anders als Cindy redet er sehr schnell und unklar, mein Schulenglisch konnte da längst nicht mehr mithalten. Das einzige, was ich ziemlich deutlich verstanden habe, war, dass er Cindy unsicher fragte, warum ich so still sei. Sie wusste zum Glück, wie müde ich war und nahm es mir nicht übel.

Zu Hause angekommen gab es dann noch mal eine Überraschung. Cindy zeigte mir mein Zimmer, und auf dem typisch amerikanischen Boxspringbett lag eine Reihe von kleinen Geschenken. Damit hatte ich nun überhaupt nicht gerechnet. Anders als meine Gastmutter hatte ich meinen

Geburtstag nämlich schon total vergessen, auch wenn er erst zwei Tage zurücklag. Die liebevoll geschriebene Karte war für mich das absolute Highlight. Zu hören, dass meine Gasteltern mich in ihrer Familie begrüßten und mir ein atemberaubendes Jahr schenken wollten, war für mich das schönste Geschenk von allen.

Als ich am nächsten Morgen die Augen öffnete, war ich sofort hellwach. Alleine mich in meinem Zimmer umzusehen, ließ mich bis über beide Ohren strahlen. Ich konnte mein Glück kaum fassen.

Jeder wünscht sich wohl, dass der erste Tag des Austauschjahres perfekt wird. Ein märchenhafter Start in ein unglaubliches Abenteuer. Auch ich hatte mir schon etliche Male vorgestellt, wie der erste Tag in den USA für mich sein würde. Im Nachhinein weiß ich, dass dieser Tag immer perfekt sein wird, egal was man erlebt oder wie viel man unternimmt. Man freut sich einfach über jede Kleinigkeit, ganz egal wie unbedeutsam. Ich habe mich damals riesig über alles gefreut, was amerikanisch aussah – die Steckdosen, Türknäufe, Verkehrszeichen und natürlich die Flagge, die dort überall hängt.

Die USA kannte ich bis dahin nur aus dem Fernsehen und aus den Erzählungen meiner Eltern. Ich war zwar früher schon mit meiner Familie außerhalb Deutschlands, habe Urlaub in Dänemark und Polen gemacht, aber die EU hatte ich noch nie verlassen. Und schon gar nicht alleine.

Cindy verbrachte meinen ersten Vormittag in den Vereinigten Staaten damit, mir alles zu zeigen. Zuerst das Haus, den Garten und die Tiere und dann auch den Rest des Dorfes.

Cindy und David wohnen in Michigan, dem „Great Lake

State". Obwohl das Dorf, in dem sie leben, für amerikanische Verhältnisse ein kleiner Ort ist, schien es für mich unendlich groß zu sein. Es war zumindest nicht das, was ich mir unter einem 2000 Seelen Örtchen vorgestellt hatte. Hier gibt es zum Beispiel mehrere kleine Drugstores, Supermärkte, Tankstellen, zwei Schulen, einen McDonalds, eine Apotheke und auch mehrere Seen. Michigan grenzt nicht nur an vier der fünf Great Lakes (Lake Michigan, Lake Huron, Lake Erie und Lake Superior, ausgenommen ist Lake Ontario), sondern hat auch selbst abertausende kleine Seen. Es ist der einzige Staat der USA, der aus zwei Halbinseln besteht. Oft wird er auch „Mitten state" (mitten = Fausthandschuh) genannt, weil er die Form eines Handschuhs hat. Außerdem wird es im Winter dort ziemlich kalt, also passt der Name gleich in zweifacher Hinsicht.

Am Nachmittag habe ich dann auch meine große Schwester Whitney kennengelernt, genau wie ihre beiden Söhne und ihren Mann Matthew. Das erste, was Whitney tat, als sie mich sah, war, mir den jüngeren ihrer beiden Söhne (er war etwa ein Jahr alt) auf den Schoß zu setzten. Auch sie und ihre Familie habe ich sofort gemocht und ins Herz geschlossen, nicht zuletzt, weil Whitney so locker war. Das war etwas, das ich sehr gut gebrauchen konnte, denn ich war es überhaupt nicht.

Die ersten Tage bis Wochen war es noch sehr schwer für mich, aus meiner Haut zu kommen. Ich habe mir große Mühe gegeben auf alle zuzugehen, entspannt zu wirken, mich zu unterhalten und meiner neuen amerikanischen Familie zu zeigen, wie gern ich sie hatte. Trotzdem war ich am Anfang des Jahres noch sehr still. Ich brauchte eben etwas Zeit, um mich aufzulockern. Mir hat es deswegen sehr geholfen, dass Cindy, David und Whitney mir meine Schüchternheit nicht übel genommen haben. Diese wird man nämlich nicht von einem Tag auf den anderen los, aber fest steht, dass sie überwunden werden muss. Und das habe ich.

Ich glaube, zu Beginn dachte Cindy, ich hätte Angst vor David, meinem Gastvater, weil ich immer so still war. Wenn man David nicht kennt, kann er nämlich ein klein wenig böse aussehen. Er ist sehr stämmig gebaut, hat eine Menge Tattoos und einen Bart. Er ist das beste Beispiel dafür, dass man sich nicht vom ersten Anschein täuschen lassen sollte. Wenn David eins nicht ist, dann ist es „böse". Um ehrlich zu sein, erinnerte er mich immer an Hagrid aus „Harry Potter". Er mag nicht immer danach aussehen, aber er ist einer der liebenswürdigsten Menschen, die ich kenne. David ist wie mein großer freundlicher Teddybär: *My big friendly teddy bear*.

Gegen Abend hatte ich dann schließlich Gelegenheit, David näher kennenzulernen. Er arbeitet nicht nur für die örtliche Straßenverwaltung, sondern auch noch als Landwirt für einen Freund. Deshalb war er viel unterwegs. Als er nun endlich nach Hause kam, gingen wir drei (David, Cindy und ich) zusammen Essen, und zwar in einem typisch amerikanischen Restaurant – einem *All you Can Eat Buffet*.

Dort angekommen bat Cindy mich hoffnungsvoll, mir reichlich aufzufüllen. Ihr war aufgefallen, dass ich den ganzen Tag nur eine Banane gegessen hatte. Ich war nicht nur verwundert darüber, dass sie das bemerkt hatte, sondern wollte ihr auch zeigen, dass das nicht ihre Schuld war. Sie hatte mir mehrmals gesagt, dass ich mir in der Küche alles nehmen konnte, was ich wollte. Ich habe mich bloß so schrecklich unhöflich gefühlt, mich einfach an den Schränken von Fremden (immerhin waren sie das am ersten Tag noch) zu bedienen. Jedenfalls brachte ich nun einen guten Appetit mit.

Wir füllten also alle reichlich unsere Teller und ich ließ mir von den beiden zeigen, was sie besonders empfehlen konnten. Und so war die erste Portion schnell aufgegessen. Ich war schon ziemlich satt, da meinte David nur, es sei Zeit für einen größeren Teller. Das, was für mich schon mehr als genug war, war für ihn erst die Vorspeise. Ich schaffte es zumindest nicht bis zum Nachtisch.

Als ich den Tag abends noch einmal Revue passieren ließ, konnte ich ein Schmunzeln nicht unterdrücken. Obwohl ich augenscheinlich nur Alltägliches unternommen hatte, war der Tag doch so außergewöhnlich, wie ich ihn schon lange nicht mehr erlebt hatte. Es war der erste Tag meines neuen Lebens.

Ich hatte jetzt noch eine Woche Zeit, bis die Schule anfangen würde. Diese Tage verbrachte ich vor allem mit Cindy, die sich dafür extra frei genommen hatte. Aber auch David nahm sich viel Zeit für mich. Wir gingen zusammen einkaufen oder fuhren zur Schule, wo die beiden mir alles zeigten und mich für den Schulbus anmeldeten. Zuständig für meine Anmeldung war eine sehr lebhafte afroamerikanische Frau. Sie redete unglaublich schnell und nuschelte noch dazu, sodass ich nicht ein einziges Wort verstand. Nicht mal das kleinste Bisschen. Normalerweise konnte ich immer zumindest Bruchteile verstehen, aber dieses Mal blieb mir nichts anderes übrig als zu lächeln und zu nicken. Lächeln und nicken und hoffen, dass sie mir keine Frage gestellt hatte. Als ich dann wieder mit David im Auto saß, drehte er sich zu mir um und meinte: „You didn't understand a word she just said, huh?". Er konnte kaum aufhören zu lachen. „Nope" war meine Antwort. Auch ich musste anfangen zu lachen. Vermutlich gehört das Nichtverstehen einfach zum Austauschschülersein dazu. Jedenfalls beherrsche ich das Lächeln und Nicken mittlerweile ziemlich gut.

Natürlich lernte ich in den ersten paar Wochen in den USA auch eine ganze Menge Leute kennen. Sogar so viele, dass ich mir nicht alle Namen merken konnte.

Ausnahmslos jeder, dem ich begegnete und dem ich vorgestellt wurde, war sehr begeistert, mich zu treffen. Alle interessierten sich für die neue Austauschschülerin aus Deutschland. Ich wurde mit Fragen überhäuft, zum Beispiel danach, wie es mir bisher in den USA gefalle, wie sie sich das Leben in Deutschland vorstellen könnten und ob ich meine Familie schon vermisse. Alle haben mich herzlich willkommen geheißen.

Allein diese paar Tage haben mir viel über die amerikanische Kultur verraten. In Deutschland vertreten viele Menschen die Meinung, dass Amerikaner zwar überaus höflich und freundlich seien, aber dass dies meist nicht ganz ehrlich gemeint sei. Das so typische: „Hi, how are you?" gehört zwar durchaus zum guten Ton, aber nur, weil man nicht erwartet, eine andere Reaktion als: „Good and you?" zu hören, bedeutet das nicht, dass man sich nicht für die Antwort interessiert. Wenn wir in Deutschland fragen, wie es jemandem geht, rechnen wir ja auch nicht damit, gleich die ganze Lebensgeschichte zu hören.

Kurz bevor die Schule anfing, wartete plötzlich noch eine ganz besondere Überraschung auf mich. Cindy und David hatten sich überlegt, mit mir einen Ausflug nach Chicago zu machen.

Die auf der anderen Seite des Lake Michigan gelegene Stadt war für uns mit dem Zug in ein paar Stunden zu erreichen und bietet eine ganze Menge Sehenswürdigkeiten. Jeden Tag wird die drittgrößte Stadt der USA deshalb von tausenden Touristen besucht.

Für mich lässt sich der Eindruck von dieser Stadt kaum in Worte fassen. Diese unglaublich schöne Metropole besitzt einen gewissen Charme, den ich bisher nur in sehr wenigen Städten wahrgenommen habe. Selbst die vielen Wolkenkratzer sehen in Chicago sehr kunstvoll und ästhetisch aus, sie lassen die Stadt gewissermaßen erstrahlen, statt sie zu verdunkeln.

Aber Chicago ist nicht nur für seine wunderbare Architektur bekannt, sondern auch für seine Theater und Museen. Meine Gasteltern hatten ursprünglich geplant, mir diese zuerst zu zeigen, weil Regen angekündigt war. Doch als wir dort ankamen, wartete strahlender Sonnenschein auf uns. Deshalb entschieden wir uns dafür, die Sehenswürdigkeiten im Freien den Museen vorzuziehen. Ich bin wirklich froh, dass es so kam, weil ich Chicago dadurch erst kennen und lieben gelernt habe.

Wir sahen uns also nach und nach alle wichtigen Attraktionen an. Da wäre zum Beispiel der Willis Tower, das höchste Bauwerk Chicagos oder auch der zweitplatzierte Trump Tower. Ich erinnere mich gut, wie David mich damals auslachte, weil ich den Blick nicht vom Trump Tower abwenden konnte und immer wieder hoch sah, so fasziniert war ich. Von der zukünftigen politischen Bedeutung dieses Gebäudes konnte ich damals noch nichts ahnen.

Mein Favorit unter den künstlerischen Sehenswürdigkeiten war die Skulptur eines britischen Künstlers – *Cloud Gate*. Bekannt war sie wegen ihrer bohnenartigen Form jedoch unter dem Spitznamen „The Bean". Die Konstruktion stand auf einer der vielen Grünflächen in Chicago, dem Millennium Park. Sie bestand aus Edelstahlplatten, die auf Hochglanz poliert wurden und keine sichtbaren Nähte aufwiesen. Man konnte sich in der gesamten Skulptur spiegeln, weshalb sie vor allem bei Sonnenschein traumhaft hübsch war. Dann war sie das Ebenbild des blauen Himmels.

Zuletzt besuchten Cindy, David und ich dann noch den Navy Pier. Diese etwa einen Kilometer lange Seebrücke, die in den Lake Michigan ragte, war die wahrscheinlich beliebteste Touristenattraktion. Der Navy Pier bot eine atemberaubend schöne Sicht auf die Skyline von Chicago. So schön, dass ich alle paar Meter stehen blieb, um Fotos zu machen.

Von hoch oben auf dem Riesenrad sah die Stadt dann noch faszinierender aus. Cindy und ich genossen minutenlang den Ausblick. Doch es stellte sich heraus, dass David unter Höhenangst litt und ihm der Navy Pier besser gefiel, wenn er beide Füße sicher auf dem Boden hatte.

Zu dem Zeitpunkt war es mir noch nicht bewusst, aber das war eines der vielen Dinge, die David nur meinetwegen getan hatte. Er ließ es mich nicht immer mit Worten wissen, aber ich war ihm sehr schnell sehr viel wichtiger geworden, als es den Anschein hatte. Und das beruhte auf Gegenseitigkeit.

Wenn ich daran zurückdenke, wird mir bewusst, dass David einer der wenigen aufrichtig selbstlosen Menschen ist. Er erwartet nie eine Gegenleistung, nicht einmal Anerkennung für das, was er für andere tut. Wann immer ich mit ihm unterwegs war, fragte er mich, was ich gerne machen oder wo ich gerne essen möchte. Ich sagte ihm zwar ständig, dass er ja mal entscheiden könne, aber seine Antwort war dann immer dieselbe: „It's all about you, Jeannette". Das wurde irgendwann zu einem richtigen Ritual zwischen uns. Das ist schlichtweg Davids Art, mir zu zeigen, wie gern er mich hat. Dieser Mensch hat sich innerhalb von so kurzer Zeit zu einer meiner wichtigsten Bezugspersonen entwickelt. Ich kann ihm nicht genug dafür danken. Er ist der beste amerikanische Vater, den ich mir hätte wünschen können.

Und so ging schließlich mein erster großer Ausflug in den USA zu Ende. Ich war erst eine Woche in meiner neuen Heimat und hatte schon drei Bundesstaaten besucht: Michigan, Indiana und Illinois.

Doch das richtige Abenteuer wartete erst noch auf mich. Die erste Woche war so schnell verflogen, dass ich kaum Zeit hatte, mir darüber Gedanken zu machen, was noch alles auf mich zukommen würde. Fast hatte ich vergessen, dass Anfang September die Schule anfing. Erst als Whitney mich fragte, in welcher Klasse ich sein würde, dämmerte mir, dass mir in ein paar Tagen mein erster Schultag bevorstünde. Ich freute mich darauf, denn ich wollte endlich wissen, wie viel in den amerikanischen Filmen wahr ist und was auf künstlerischer Freiheit beruht. Trotzdem hatte ich plötzlich tausende Fragen und keine davon hatte auch nur im Geringsten etwas mit dem Schulstoff zu tun.

*"The most beautiful in the world is, of course,*
*the world itself."*

*Wallace Stevens*

## Ranger Pride

Die Nacht war kurz und die Aufregung groß. Um 6 Uhr morgens klingelte der Wecker. Immer wieder war ich nachts aufgewacht und musste mich vergewissern, dass ich nicht verschlafen hatte.

Nach dem Aufstehen konnte ich dann kaum abwarten, bis es endlich losging. Ich war total aufgeregt und schaute immer wieder auf die Uhr, um auch ja nicht meinen Schulbus zu verpassen. Der Schulbus holt die Schüler in den meisten Fällen direkt vor dem Haus ab. Fast zehn Minuten zu früh stellte ich mich schließlich an die Straße. David hatte von Cindy den Auftrag bekommen, Fotos davon zu machen, wie ich in den Bus einsteige. Das war etwas, an das ich gar nicht gedacht hatte, aber ich bin wirklich froh, dass Cindy mir diese Erinnerungsfotos ermöglichte. Sie wusste, dass das ein ganz besonderer Moment im Austauschjahr ist.

Und dann war er endlich da, der knallgelbe Schulbus, den ich schon so oft in Filmen gesehen hatte. Dieser Bus besitzt in den Vereinigten Staaten ganz besondere Rechte im Straßenverkehr. Wenn er hält, um Kinder ein- und aussteigen zu lassen, schaltet er die Blinker ein und fährt an der Seite ein Stoppschild aus. Dann darf der Bus von keinen anderen Fahrzeugen überholt werden. Jeder muss mit dem Auto stehen bleiben, selbst diejenigen, die aus der Gegenrichtung kommen. Die Amerikaner nehmen es mit der Sicherheit ihrer Kinder sehr ernst. Zumindest, was die Sicherheit im Straßenverkehr betrifft.

Mich hat der amerikanische Schulbus immer fasziniert. Ständig sieht man diesen Bus in Filmen, er ist gewissermaßen das Abbild alles Amerikanischen. Und jetzt war endlich der Zeitpunkt gekommen, dass ich selbst, das einst so schüchterne Mädchen, das sich nie im Leben vorstellen konnte, alleine die eigene Heimat zu verlassen, in einem dieser Schulbusse fahren durfte. Alle Kinder um mich herum waren einfach nur furchtbar müde, aber ich konnte kaum an mich halten vor Begeisterung.

An der *High School* angekommen ging es für mich mit der Suche nach meinem Spind weiter. Das ist wohl einer der größten Unterschiede zwischen amerikanischen und deutschen Schulen, oder zumindest ist dieser mir am meisten in Erinnerung geblieben. Der Spind darf von jedem Schüler individuell eingerichtet und personalisiert werden. Das hat für die Schulleitung einen eher praktischen Nutzen, denn es dürfen keine Rucksäcke mit in die Klassenräume gebracht werden. Ich vermute, dass das auch aus Sicherheitsgründen der Fall ist. Für die Schüler aber bedeutet der Spind, ihren eigenen kleinen Rückzugsraum zu haben. Er ist etwas, das nur ihnen alleine gehört. Mit viel Begeisterung wird er deswegen von allen eingerichtet. An der Tür hängen Fotos von Freunden, aus dem Urlaub oder vom Partner. Manche haben sogar kleine Täfelchen, die von anderen beschrieben werden können.

Ich hatte am ersten Schultag noch reichlich Zeit, bevor der Unterricht anfing, mein Bus war einer der ersten, der morgens an der Schule ankam. Ich nutzte die Zeit, mich noch etwas umzusehen und schon mal alle meine Klassenräume zu suchen.

Ich muss dabei wohl ziemlich verloren ausgesehen haben. Einfach nach jemanden, der hier noch nicht richtig hineineinpasst. Ganz offensichtlich war ich die Neue. Etliche Male wurde ich deshalb von anderen Schülern angesprochen. Alle boten mir sofort ihre Hilfe an. In welche Klasse gehst du? Hast du deinen Spind schon gefunden? Hast du deinen Stundenplan schon bekommen? Und schließlich die Frage, die keiner abwarten konnte zu stellen. Woher kommst du?

Mir gefiel es hier, seit ich das erste Mal einen Fuß in die Schule gesetzt hatte. Sie war so wunderbar klein und übersichtlich. Zudem war es sehr sauber und die Schließfächer waren brandneu; erst in diesem Sommer waren sie ausgetauscht worden, wie mir erzählt wurde. Und natürlich war da dieser amerikanische Charme. Die Flure waren voll mit Pokalen und anderen Erinnerungen an die Erfolge der Schule. Hierbei ging es nicht ausschließlich um die sportlichen Erfolge, sondern auch um die von anderen Clubs oder Stipendiaten.

Außerdem waren überall die Schulfarben, Blau und Weiß, vertreten und das Logo unseres Maskottchens durfte auch nicht fehlen. Wir waren die Rangers.  Zu guter Letzt hatte jeder einzelne Klassenraum eine eigene amerikanische Flagge. Die größte Flagge aber hing in der Sporthalle. Sie war einfach riesig!

Wenn es eins gibt, was in aller Welt über die amerikanische *High School* bekannt ist, dann ist es der School Spirit. Und das zu Recht, wie ich feststellen durfte. Jeder hier brennt für den Erfolg seiner Schule und ist stolz, wenn er ein Teil davon sein kann.

Als es schließlich zum Unterrichtsbeginn klingelte, war ich die Erste im Klassenzimmer. Mein allererstes Fach war Earth Science. Nach und nach trotteten dann auch andere Schüler herein. Ich konnte an ihren Gesichtern genau den Moment ablesen, als sie die Neue im Kurs wahrnahmen. Einige von ihren waren neugierig genug, sich mit mir zu unterhalten. Ein ganz kleines Bisschen neugierig war ich ja schließlich auch.

Wann immer ich erzählte, dass ich Austauschschülerin war, wurde die Begeisterung dann noch größer. Ich war nicht nur jemand, der zum neuen Schuljahr aus irgendeinem anderen Ort hergezogen war, nein, ich war aus Deutschland. Das änderte natürlich alles! Vor allem kamen dann wieder die Fragen, die ich schon etliche Male zuvor beantwortet hatte. Wie gefällt es dir hier bisher? Wie ist das Leben in Deutschland so? Was sind die größten Unterschiede? Selbst die Lehrerin Mrs Williams, eine kleine und lebhafte Frau, konnte nicht umhin, mich auszufragen.

Am besten aber verstand ich mich mit einem Jungen namens Howard. Er war groß und rothaarig und war mir sofort sympathisch. Selbst meine Mimik konnte er gut einordnen. Ich machte nämlich immer dieses eine ganz bestimmte Gesicht, wenn ich ein englisches Wort nicht verstand oder jemand gänzlich zu schnell redete. Das brachte Howard immer zum

Schmunzeln, aber er wusste sofort, was damit gemeint war. Mit ihm konnte ich mich deshalb besonders gut unterhalten. Er war witzig, und die Sprachbarriere war schnell überwunden. Howard wurde mein erster Freund an meiner neuen Schule. Er stellte mir dann Katie vor, die auch in unserem *Earth Science* Kurs war.

Katie war sehr schlau, aber vor allem war sie einer dieser Freunde, mit denen man Pferde stehlen kann. Mir gefiel es, jemanden zu haben, der sich nicht nur für mich interessierte, weil ich Austauschschülerin war. Sie mochte mich ganz unabhängig davon.

Wie sich herausstellte hatten Howard und ich auch noch andere Kurse zusammen, worüber ich sehr glücklich war. Die nächste Stunde aber hatten wir nicht gemeinsam. Für mich ging es mit *Family Living* weiter. Das war mit Abstand der langweiligste Kurs, den ich je hatte. Mrs Collins war zwar wirklich nett, aber das machte den Unterrichtsstoff auch nicht spannender. Es gab Momente, da war ich überzeugt, dass selbst die Lehrerin gelangweilt war. Außerdem war der Kurs im Gegensatz zu meinem vorherigen sehr klein und bestand hauptsächlich aus Neuntklässlern. Fast alle waren also sehr viel jünger als ich.

In der amerikanischen *High School* gibt es nämlich viele Kurse, die von allen Jahrgängen belegt werden können. Andere sind nur für bestimmte Jahrgänge. Mein dritter Kurs, Englisch, war einer dieser Kurse. Hier waren alle Schüler Zwölftklässler, *Seniors*, genannt.

Die Neuntklässler heißen Freshmen, die Zehntklässler *Sophomores* (Softmores gesprochen) und die Elftklässler

Juniors. Um ehrlich zu sein, waren mir die Kurse mit hauptsächlich älteren Mitschülern, *Juniors* und *Seniors*, lieber. Aus irgendeinem Grund fiel es mir leichter, mich mit *Seniors* anzufreunden.

Als ich also endlich das Klassenzimmer für meinen Englischkurs fand, war ich mal wieder eine der Ersten. Nur ein einziges Mädchen hatte sich schon an einem der Gruppentische niedergelassen. Das war nun einer dieser Momente, in denen man entweder der Schüchternheit nachgeben und sich an einen anderen Tisch setzen oder aber sie überwinden und ein Gespräch anfangen kann. Ich entschied mich für Letzteres.

Schon zum zweiten Mal an diesem Tag hatte ich jemanden gefunden, mit dem es plötzlich ganz einfach war, eine lockere Unterhaltung zu führen. Scarlett war ihr Name, wie die Farbe. Sie war klein, hatte schulterlange braune Haare und war von Natur aus eher zurückhaltend.

Nach ein paar Minuten gesellte sich auch Howard zu uns. Der letzte Platz an unserem Gruppentisch wurde dann von Connor eingenommen. Connor war sehr groß und schlank mit kurzen schwarzen Haaren und einem freundlichen Gesicht. Ohne Umschweife fing er an, mir von irgendwelchen technischen Errungenschaften zu erzählen. Ja, er war ein Nerd, aber in einem sehr gut gemeinten Sinne. Zumindest war er sehr viel technikbegeisterter als ich.

Ich kann mich bis heute noch genau daran erinnern, wie glücklich ich in diesem Moment war. Schon an meinem ersten Tag hatte ich hier Freunde gefunden. Und das war gar nicht so schwer, wie ich es mir vorgestellt hatte. Ganz im Gegenteil, es war so wunderbar einfach.

Unsere Lehrerin, Mrs Evans, war mir sofort sympathisch. Ihr Unterricht war einfach Spitze. Ich war schon immer sehr an englischer Literatur interessiert, aber Mrs Evans schaffte es, das noch zu verstärken. Für ihren Kurs wählte sie Bücher aus, die nicht nur besonders gut geschrieben waren, sondern mich auch noch einige Lektionen für das Leben lehrten.

Mein letzter Kurs vor der Mittagspause war dann *US History*, was genau wie Englisch einer meiner Pflichtkurse war. Hier war ich wieder von *Freshmen* umzingelt. Mrs Wilkinson war aber grandios. Ich wusste gar nicht, dass Geschichte so spannend sein konnte. Ich war ziemlich fasziniert, auch mal einen Einblick in die amerikanische Sichtweise zu bekommen. Der bleibt einem ja normalerweise verwehrt.

Trotzdem war ich froh, als es um 11.40 Uhr zur Mittagspause klingelte. Erst als ich in der Cafeteria angekommen war, fiel mir ein, dass ich nicht mal Geld dabei hatte. Daran hatte ich gar nicht gedacht. Glücklicherweise hatten Howard und Scarlett Mitleid mit mir und bestanden darauf, dass sie ihr Essen mit mir teilten. Was mich aber noch viel mehr beruhigte als ein warmes Mittagessen, war, dass ich die Mittagspause nicht alleine verbringen musste. Schon am allerersten Tag war ich für Scarlett und Howard mehr als nur irgendeine Austauschschülerin geworden.

Nach der Mittagspause ging es für mich mit *Sociology* weiter. Noch nie hatte ich eine so Angst einflößende Lehrerin. Sofort als ich Mrs Edwards Klassenzimmer betrat, fragte sie mich, ob ich eine der Austauschschülerin sei. Das war ja eigentlich nicht weiter schlimm, doch allein ihre Stimme gab mir das Gefühl, etwas verbrochen zu haben. Nachdem auch alle anderen Schüler eingetroffen waren, verlor sie keine Zeit, mit uns die Schulregeln durchzugehen. Das hatte zwar schon ausnahmslos jeder Lehrer vor ihr getan, vermutlich mussten sie das immer zum neuen Schuljahr hin tun, aber auch hier war es ihre Stimme, die mir Angst machte. Plötzlich fing ich an, mir Sorgen zu machen, dass ich vielleicht ohne es zu wissen irgendeine Regel brechen würde. Es gab einfach so unglaublich viele, einschließlich der Kleiderordnung.

Als wir dann mit dem Unterricht anfingen, wurde es leider auch nicht besser. Wir verbrachten die restlichen zwanzig Minuten damit, Texte aus dem Buch vorzulesen. Auf einmal rief Mrs Edwards dann meinen Namen auf. Ich hatte zwar die ganze Zeit ruhig auf meinem Platz gesessen, aber trotzdem war ich mir sicher, dass ich in Schwierigkeiten sein musste. Nach ein paar Sekunden dämmerte es mir, dass sie mich zum Weiterlesen aufgefordert hatte. Es mag albern erscheinen, aber laut vor der Klasse vorzulesen, war für mich der größte Albtraum. Im Bruchteil einer Sekunde hatten mich alle englischen Sprachkenntnisse verlassen. So fühlte es sich zumindest an, als ich schließlich anfing zu lesen.

Nachdem am Ende der Stunde endlich die langersehnte Klingel ertönte und ich den Klassenraum verließ, musste ich unwillkürlich daran denken, dass mich diese Lehrerin wohl einfach nicht leiden konnte. Mittlerweile weiß ich, dass ich damit falsch lag. Sie konnte zwar durchaus aufbrausend sein und war in manchen Situationen gewiss genervt von mir, aber nichtsdestotrotz wollte sie mich mit ihrer ruppigen Art nicht verschrecken. So war sie nun mal zu allen Schülern.

Diese erste *Sociology* Stunde hatte meine bisher so gute

Laune dennoch etwas getrübt. Umso besser war es, dass ich die nächste Stunde wieder mit Howard zusammen hatte. Er sah mir an, dass etwas nicht stimmte, und nachdem ich ihm von meinem vorherigen Kurs erzählt hatte, konnte er mich tatsächlich wieder aufmuntern. Es versicherte mir, dass sich Mrs Edwards nicht nur mir gegenüber so verhielt und dass ich mich daran gewöhnen würde. Und falls das doch nicht der Fall war, könnte ich den Kurs zum Glück immer noch wechseln.

Meine letzten beiden Unterrichtsstunden verbrachte ich am Computer. Zuerst hatte ich *Computer Applications* und dann Business Math. Beide Kurse hören sich komplexer an, als sie es tatsächlich waren. *Computer Applications* verbrachten wir meistens mit sehr einfachen Aufgaben, zum Beispiel mit der Textbearbeitung. Zumindest verbrachte ich die Zeit mit dem Bearbeiten der Aufgaben. Alle anderen waren fast die ganze Stunde über auf *Facebook, Tumblr, Twitter* und was es sonst noch so gibt. Der Lehrerin, Mrs Jackson, erzählten sie dann immer, sie bräuchten einfach noch mehr Zeit, weil sie mit den Aufgaben noch nicht fertig waren. Mrs Jackson wusste genau, was ihre Schüler während ihres Unterrichts wirklich in Beschäftigung hielt, aber solange sie eben genau das waren – in Beschäftigung - war sie zufrieden.

*Business Math* hatte dann auch weitaus weniger mit den komplexen mathematischen Berechnungen zu tun, an die man bei dem Kursnamen zuerst denkt. Fast jede Stunde schauten wir uns Videos an und füllten Lückentexte aus. Nicht ein einziges Mal habe ich einen Taschenrechner gebraucht, nicht dass ich mich darüber beschweren würde.

Dann war der erste Schultag auch schon vorbei, und ich durfte wieder mit dem knallgelben amerikanischen Schulbus nach Hause fahren. Ich war total erschöpft. Alles war ja noch so neu für mich. Den Nachmittag verbrachte ich dann damit, Cindy alles über meinen ersten Tag an der *High School* zu berichten. Ich erzählte ihr von Scarlett, Katie und Howard, meinen amüsanten und weniger amüsanten Kursen und davon, dass ich vergessen hatte, Geld für das Mittagessen mitzunehmen.

Cindy war verwundert. Hatte mir David denn gar nichts erzählt? Ich musste nicht einmal für das Mittagessen bezahlen, sondern einfach nur an der Kasse meine Schülernummer eingeben. Ich weiß bis heute nicht genau, warum ich nicht bezahlen musste. Möglicherweise weil ich Austauschschülerin war. Alle anderen Schüler konnten zwar bei schlechten finanziellen Verhältnissen eine Kostenminderung beantragen, aber einen Teil mussten sie trotzdem selbst zahlen. Jedenfalls lernte ich die amerikanische Küche ab dem zweiten Schultag dann etwas genauer kennen.

Von vielen Seiten  habe ich gehört, wie ungenießbar das Schulessen sei. Man darf dabei aber nicht vergessen, für wie viele Schüler und in welch kurzer Zeit gekocht werden muss. Ich war mit dem Essen, bis auf ein paar Ausnahmen, ganz zufrieden. Wie mir erzählt wurde, hatte die Schule erst vor Kurzem angefangen, das Essen gesünder zu gestalten. Die ehemalige *First Lady* Michelle Obama hatte sich stark dafür eingesetzt, dass das amerikanische Schulessen gesünder wird. Dank ihr hatte die Schule nun sogar eine Salattheke.

Falls man sich mit dem Schulessen dennoch nicht anfreunden konnte, blieb es einem ja selbst überlassen, sich sein eigenes Essen mitzubringen. Das sah in vielen Fällen jedoch auch nicht gesünder aus als das Schulessen.

Alles in Allem ist mein erster Schultag in den USA fantastisch gelaufen. Ich hatte mich gut zurechtgefunden, verstand mich prima mit meinen Mitschülern und hatte sogar Freunde kennengelernt. Trotzdem war ich plötzlich ziemlich niedergeschlagen. Ich konnte mir zuerst selbst nicht erklären, woran das lag. Irgendwann aber dämmerte es mir. Der erste Schultag brachte eine Atmosphäre des Neustarts mit sich. Erst jetzt wurde mir vollkommen bewusst, dass dies der Ort war, an dem ich die nächsten elf Monate verbringen würde. Das war bis dahin noch nicht ganz zu mir durchgedrungen. Natürlich wusste mein Kopf schon seit mehr als einem Jahr Bescheid, aber mein Herz bekam diese Nachricht in Form des ersten Schultages überreicht.

Ich bereute meine Entscheidung keineswegs, aber die Tränen, die mir vor ein paar Wochen am Flughafen einfach noch nicht kommen wollten, kullerten mir nun über die Wangen.

Auch wenn dieses Jahr das beste eures Lebens sein soll, ist es wichtig, dass ihr auch die Traurigkeit zulasst. Das Austauschjahr ist nun mal voller *Ups and Downs*, voller Höhen und Tiefen. Die Tiefen müsst ihr genauso akzeptieren, wie ihr die Höhen schätzen solltet. Das eine gäbe es nicht ohne das andere.

In solchen Momenten muss jeder für sich selbst herausfinden, was ihm am meisten hilft. Manchen tut es gut, ein wenig für sich zu sein. Andere treiben Sport oder hören Musik. Am wichtigsten ist aber, dass ihr euch nicht von eurer Gastfamilie abschirmt und sie nicht mehr an euch heranlasst. Eure Familie spürt, wenn es euch nicht gutgeht und sie möchte euch helfen. Das kann sie aber nur, wenn ihr das zulasst.

Auf keinen Fall solltet ihr euch von eurer amerikanischen Familie weg und wieder hin zu eurer deutschen Familie bewegen. Natürlich könnt ihr für eine kleine Weile mit ihnen skypen oder telefonieren, aber es ist von großer Bedeutung, dass ihr weiterhin mit beiden Beinen in den USA stehen bleibt.

Wenn euch das gelingt, werdet ihr eurer amerikanischen Familie näher sein denn je. Wenn euch das nicht gelingt, kann das Austauschjahr immer noch ein Erfolg werden, aber ihr werdet dann nie ein Teil eures Herzens in den Vereinigten Staaten lassen.

*"Man cannot discover new oceans unless he has the courage to lose sight of the shore."*

*Andre Gide*

## Volleyball, Basketball, Softball

Die amerikanische *High School* ist neben deiner Gastfamilie einer der wichtigsten Aspekte deines Austauschjahres. Hier lernst du viele deiner Freunde kennen und erfährst einiges über die amerikanische Jugendkultur.

Umso wichtiger ist es, dass du versuchst ein Teil dieser Schule zu werden, auch inoffiziell. Am besten gelingt dir das durch die Teilnahme an Clubs oder Sportteams. Es gibt einen Haufen Angebote, nicht nur für Sportbegeisterte. An meiner Schule gab es zum Beispiel *Robotics*. Das ist genau das, wonach es klingt. Es wird ein Roboter gebaut, mit dem man an Wettbewerben teilnimmt, je nachdem, wie gut man ist, sogar landes- oder bundesweit. Es gab auch eine Band, einen Chor, einen Landwirtschaftsclub namens 4-H und eine Theater AG.

Es kommt nicht darauf an, dass du in einem dieser Dinge besonders gut bist, du musst dich nur dafür interessieren. Du darfst nicht vergessen, dass du als Austauschschüler einen ganz besonderen Status besitzt. Schon alleine aus diesem

Grund sind alle begeistert, wenn du dich für ihren Club entscheidest.

In den USA gibt es in jedem Schuljahr drei Sportsaisons. In jeder dieser Saisons gibt es verschiedene Sportangebote, unter denen du wählen kannst. Du kannst dich jede Saison für irgendeinen Sport entscheiden oder aber nur in einer oder zwei Saisons, wenn du möchtest. Du musst aber keinem Team beitreten, das ist freiwillig. Außerdem kannst du dich ja auch für ganz andere Aktivitäten entscheiden. Manchmal ist es auch möglich, gleichzeitig sowohl einer Sportmannschaft als auch beispielsweise der Band oder dem *Robotics* Team anzugehören. Unter Umständen lässt sich das jedoch zeitlich nicht miteinander vereinbaren.

Ich habe mich in der Herbst-Saison für Volleyball entschieden. Normalerweise muss man bei einem *Tryout* gewesen sein, um es überhaupt ins Team zu schaffen. Dort wählt der Coach die Teammitglieder meist nach mehreren Trainingstagen aus und es werden ein *Junior Varsity Team* (kurz JV) und ein *Varsity Team* gebildet. Üblicherweise besteht das JV Team aus *Freshmen* und *Sophomores*, weil die jüngeren Schüler noch nicht so viel Erfahrung mitbringen wie die älteren Schüler. Das *Varsity Team* setzt sich dementsprechend vorwiegend aus *Juniors* und *Seniors*, vereinzelt auch aus Sophomores, zusammen.

Die *Tryouts* für das Volleyball Team fanden schon im Sommer statt, als ich noch gar nicht in den USA war. Deshalb suchte Cindy mit mir den *Varsity Coach* auf, um zu fragen, ob ich trotzdem noch mitspielen könne. Der *Coach* hat sofort zugestimmt, obwohl ich ihm ehrlich sagte, dass ich bisher kaum Volleyball gespielt hatte. Er war einer der Amerikaner, die ich sprachlich kaum verstehen konnte. Zuerst dachte ich, dass Yell sein Name wäre, aber ganz so sicher war ich mir da nicht, weshalb ich lieber noch einmal nachfragte. Das war auch gut so, denn „yell“ war schlichtweg ein englisches Wort, das mir bis dato noch nicht bekannt war. Es bedeutet schreien oder brüllen. Der *Coach* hieß also nicht *Yell*, sondern hatte versucht mich vorzuwarnen, dass er die Mädchen, die er trainiert, öfter mal anbrüllt. Na, das kann ja heiter werden, dachte ich nur.

Nach ein paar Wochen im Volleyball Team mit täglich zwei Stunden Training (die einzige Ausnahme war Sonntag), wurde mir eins immer deutlicher – ich war eine totale Niete im Volleyball. Komischerweise änderte das nichts daran, dass ich mich jeden Tag auf das Training freute. Die anderen Mädchen im Team waren super nett und haben immer versucht, mir weiterzuhelfen. Das war etwas, das der *Coach* nach kurzer Zeit leider gänzlich vergessen hatte.

Obwohl ich während unseres ersten Gesprächs deutlich gemacht hatte, dass ich viel weniger Übung hatte als die anderen (die im Durchschnitt schon drei bis fünf Jahre Volleyball gespielt hatten), war der *Coach* doch etwas verwundert und genervt darüber, wie wenig ich tatsächlich mit dem Ball umgehen konnte. Glücklicherweise haben die anderen Teammitglieder dann das übernommen, was eigentlich die Aufgabe des *Coachs* gewesen wäre. Sie haben mit mir geübt und mir die richtigen Techniken gezeigt. Natürlich konnten sie das auch nur in Maßen tun, sie mussten sich ja auch noch darauf konzentrieren, dass sie sich selbst verbesserten. Auch ihnen ging es nicht nur um den Spaß, sie alle wollten die Spiele gegen andere Schulen gewinnen.

Eine solch negative Erfahrung mit einem *Coach* habe ich während meines Austauschjahres aber nur einmal gemacht. Und auch von anderen Austauschschülern habe ich nur durchweg Positives über ihre *Coachs* gehört. Eine neue Sportart auszuprobieren, ist also definitiv einen Versuch wert. Ich habe durch das Volleyball Team nicht nur neue Kontakte knüpfen können, sondern habe auch den *School Spirit* am eigenen Leib erfahren können. Diese wunderbare Erfahrung konnte mir auch der *Coach* nicht nehmen.

Freitagnachmittage sind in amerikanischen *High School*s immer eine ganz besondere Zeit, zumindest in der Herbst-Saison. Jeden Freitag finden die Footballspiele statt. Manchmal muss man dafür sogar über eine Stunde weit fahren.

Mein erstes Footballspiel sah ich mir mit Cindy zusammen an, jedenfalls am Anfang. Bevor das Spiel begann, standen wir alle auf und drehten uns zur amerikanischen Flagge, manche legten auch ihre rechte Hand aufs Herz. Dann sang eine der Schülerinnen „Star Spangled Banner", so wie vor jedem Spiel. Das gehört zu einer der wichtigsten amerikanischen Traditionen. Die Nationalhymne wird vor jedem öffentlichen Event gesungen.

Kaum fünf Minuten nach Spielbeginn kam dann ein Mädchen zu mir und fragte, ob ich mich nicht mit zu ihr und ihren Freunden setzen möchte. Zuerst warf ich Cindy einen unsicheren Blick zu, schließlich war sie nur wegen mir mit zu dem Spiel gekommen, aber sie freute sich sogar für mich. Ich glaube, sie war erleichtert zu sehen, dass ich so schnell Anschluss gefunden hatte.

Also setzte ich mich mit zu dem Mädchen und ihren Freunden. Ich kannte sie zwar nicht, aber sie schien ganz nett zu sein. Trotzdem habe ich mich sehr gefreut, nach einer Weile auch Scarlett in der Menge zu entdecken. Natürlich wollte ich auch wissen, wo Howard war. „Auf dem Feld“, war Scarletts Antwort. Ich wusste vorher noch gar nicht, dass Howard Football im Varsity Team spielte. Nun verbrachte ich die meiste Zeit damit, nach Nummer 19 auf dem Feld Ausschau zu halten. Vom Spiel selbst verstand ich sowieso kaum etwas. Ob wir gewinnen oder verlieren, erkannte ich nur daran, ob die Menge begeistert jubelte oder frustriert den Kopf schüttelte. In diesem Spiel überwog das Jubeln und wir gewannen haushoch. Das erste Heimspiel der Saison mit einem Sieg zu starten, war sicherlich ein gutes Zeichen.

Das erste Volleyball Heimspiel war ebenso erfolgreich. Ich durfte zwar nicht ein einziges Mal aufs Feld, aber die Mädchen gaben ihr Bestes, dass ich mich trotzdem als ein Teil des Teams fühlte. Sie haben es zwar nicht deutlich gesagt, aber ich konnte spüren, dass auch sie den Coach etwas kritisch sahen. Immer wieder versicherten die Mädchen mir, dass ich bestimmte eine großartige Volleyballspielerin wäre, wenn der Coach mich nur genauso intensiv trainieren würde wie alle anderen im Team. Leider geriet ich bei ihm immer wieder in Vergessenheit. Und wenn er sich dann an mich erinnerte, stellte er mich immer direkt ans Netz, weil ich so groß bin. Dadurch lernte ich zwar das Blocken von Bällen, auf jeder anderen Position war ich aber weiterhin nutzlos.

Was mir während des vielen Trainings aber am besten gefiel, war die ständige gegenseitige Motivation. „Good job, Jeannette!", „Well done!", „Nice try, Jeannette!",„Try again, girl!", all das hörte ich pausenlos von den anderen Mädchen. Schnell stimmte ich auch selbst mit ein und versuchte die anderen zu motivieren. Spätestens dann fühlte ich mich wirklich wie ein Teil des Teams, egal wie schlecht ich im Vergleich zu den anderen noch immer spielte. Die Zusammengehörigkeit und das hautnahe Miterleben des amerikanischen *School Spirit* war alles, was zählte.

Kaum zu glauben, dass ich all diese Erfahrungen nur einer Person zu verdanken habe. Hätte Cindy nicht ständig ihre freie Zeit geopfert, um mich zum Training zu fahren und mich zwei Stunden später wieder abzuholen, hätte ich diese Chance wohl kaum bekommen. Und sie hat noch viel mehr getan als das. Sie war diejenige, die mich von Anfang an ermutigt hat, mich im Volleyball Team anzumelden. Wann immer es ihr möglich war, ist sie zu unseren Spielen gekommen und das, obwohl ich nicht gespielt habe. Nach dem Training hatte sie dann immer ein offenes Ohr für mich. Sie wollte sichergehen, dass es mir hier in den USA auch wirklich gut gefällt und dass ich zufrieden war. Cindy ist ein wahrhaft gutherziger und liebevoller Mensch. Wenn es nach ihr ginge, gehörte ich schon ab dem ersten Tag zur Familie. Für sie war ich tatsächlich eine ihrer Töchter. Ich habe solch ein großes Glück, sie als meine amerikanische Mutter zu haben.

Im unserem Volleyball-Team war ich die einzige Austauschschülerin, aber an der Schule gab es mit mir insgesamt vier Austauschschülerinnen. Zwei von uns kamen aus Deutschland, eine war aus Norwegen und eine aus Frankreich.

Abgesehen vom ersten Kennenlernen hatte ich ziemlich wenig mit den anderen Austauschschülern zu tun. Die drei Mädchen waren jedoch so oft in ihrer kleinen Gruppe zusammen, dass man sie kaum noch voneinander getrennt sah. Ich entschied mich jedoch bewusst, nicht dieser Gruppe anzugehören. Es war zwar interessant, auch noch etwas von anderen Kulturen zu erfahren, aber ich war in erster Linie in die USA gereist, um die amerikanische Kultur zu entdecken. Den American Way Of Life, wenn man so will. Der blieb den anderen Mädchen aber häufig verwehrt. Sie waren so sehr aufeinander bezogen, dass sie Schwierigkeiten hatten, mit amerikanischen Mitschülern Freundschaft zu schließen. Aber genau aus diesem Grund war ich schließlich in die USA gekommen. Ich wollte die Kultur und die Menschen kennenlernen und das nicht nur oberflächlich. Ich wusste, dass sich mir diese Chance nur ein einziges Mal im Leben bieten würde und die wollte ich nutzen. Selbst wenn man im Urlaub in andere Länder reist, beinhaltet diese Reise wohl ziemlich selten das direkte Zusammenleben mit den Einheimischen, und noch unwahrscheinlicher ist es, dass diese Reise ein ganzes Jahr lang andauert.

Ich denke, ich war bei den anderen Austauschschülern aus diesem Grund nicht besonders beliebt. Mich mit meinen amerikanischen Mitschülern zu verstehen, war mir aber deutlich wichtiger.

Dennoch hatte die Situation auch ihr Gutes. Zum ersten Mal hatte ich in den USA erlebt, dass ich von jemandem, wenn auch nicht von einem Amerikaner, nicht gemocht wurde. Warum war das etwas Positives? Aus einem ganz einfachen Grund. Zurückblickend wird mir bewusst, wie unglaublich wichtig es mir zu Beginn meines Austauschjahres war, von ausnahmslos allen gemocht zu werden. Viel zu wichtig. Zum ersten Mal in meinem Leben wollte ich beliebt sein. Unbewusst hatte ich deswegen einen enormen Druck auf mich ausgeübt, der nicht hätte sein müssen.

Natürlich hätte es sich toll angehört zu erzählen, dass ich Homecoming Queen geworden wäre oder dass ich so viele Freunde gehabt hätte, dass ich mir nicht mal alle Namen merken könnte. Aber so war es nicht. Und im Nachhinein betrachtet, war das auch gut so. Ich hatte ja Freunde, nur eben eine überschaubare Anzahl. Ich habe mich zwar mit allen Schülern aus meinem Jahrgang verstanden und auch mit einigen Freshmen, Sophomores und Juniors, die ich kennengelernt hatte, aber nur mit vier von ihnen hatte ich wirklich engen Kontakt. Auf diese Weise habe ich einen viel tiefgründigeren Einblick in das Leben meiner Freunde bekommen. Ich brauchte keine oberflächlichen Freundschaften zu hunderten von Amerikanern, um glücklich zu sein. Dafür genügten mir wahre Freundschaften zu wenigen von ihnen.

Versteht mich nicht falsch, meine Kritik richtet sich nicht an meine amerikanischen Mitschüler. Wenn ich gekonnt hätte, hätte ich sie alle näher kennengelernt. Diese Wahl hatte ich aber leider nicht. So lang ein Jahr auch klingen mag, es geht schneller vorüber, als man denkt.

Es fühlte sich an, als wäre ich erst eine Woche in den USA gewesen und gleichzeitig doch schon ein ganzes Jahr. Stattdessen ging jedoch der erste Monat meines Austauschjahres vorüber. Die Zeit war wie im Flug vergangen und trotzdem hatte ich das Gefühl, schon mein ganzes Leben hier in Michigan verbracht zu haben.

Während der gesamten Zeit seit meiner Abreise aus Deutschland hatte ich erst ein einziges Mal Kontakt zu meinen Eltern und meinen Geschwistern in Deutschland gehabt. Ich hatte zwar oft an sie gedacht, aber ich hatte mich nun mal dazu entschieden, ein Jahr in den Vereinigten Staaten zu verbringen. Wenn ich ständig per WhatsApp und Facebook den Kontakt aufrechterhalten würde, statt mich auf mein Leben in meiner neuen Heimat zu konzentrieren, hätte ich auch in Deutschland bleiben können. In beiden Fällen hätte ich dasselbe erreicht. Zumindest wäre ich in den USA dann nicht mehr als ein gewöhnlicher Tourist gewesen.

Ich bin froh, dass ich damals so gehandelt habe. Nur weil ich eine neue Familie dazu gewonnen habe, bedeutet das nicht, dass mir meine deutsche Familie auch nur ansatzweise weniger wichtig ist. Das war nie der Fall und wird es auch nie sein.

Leider hatten meine Eltern und auch meine Schwester große Schwierigkeiten damit, sich in meine Lage hineinzuversetzen. Wer kann es ihnen auch verübeln? Sie waren ja noch nie in einer solchen Situation. Außerdem hatte ich vor der Abreise nur wenig mit meiner Familie darüber gesprochen, wie oft ich zu ihnen Kontakt haben würde. Besser wäre es gewesen, eine gemeinsame Abmachung zu treffen. Zum Beispiel könntest du mit deiner Familie vereinbaren, ein oder zwei Mal im Monat mit ihnen zu skypen.

Ich hoffe inständig, dass dieses Buch anderen Eltern und Familienmitgliedern hilft, das Leben von Austauschschülern in ihrer neuen Heimat besser zu verstehen. Auch ich musste erst lernen, mich in die Situation meiner Familie hineinzuversetzen. Ein Austauschjahr bringt eben nicht nur eine Veränderung für den Austauschschüler selbst mit sich, sondern für die ganze Familie. . Aber ich war einfach schon zu weit gekommen, hatte zu viel erreicht, um jetzt doch aufzugeben. Ich war mir sicher, dass ich das mein Leben lang bereuen würde. Ich hätte es mir nie verzeihen können, mir diese einmalige Gelegenheit entgehen zu lassen.

So unglaublich es auch klingen mag, meine amerikanische Familie war mir nach nur einem Monat schon zu sehr ans Herz gewachsen, um sie jetzt wieder gehen zu lassen. Stattdessen wurde meine amerikanische Familie zu dem, was mir am meisten Halt bot. Natürlich dachte ich auch immer wieder an meine Familie und Freunde in Deutschland. Nur weil ich sie nicht mehr jeden Tag sah, hatte ich sie noch längst nicht vergessen.

Besonders am Anfang des Austauschjahres ist es nicht einfach, sich auf das Leben in den USA zu konzentrieren, wenn doch die wichtigsten Menschen, nämlich die Familie, nicht dabei war, um es mitzuerleben. Ganz besonders Cindy und Whitney haben einen großen Teil dazu beigetragen, dass ich Licht am Ende des Tunnels sehen konnte. Sie haben verhindert, dass ich mich in mein kleines Schneckenhaus zurückzog und niemanden mehr an mich heranließ. Sie gaben mir das Gefühl, verstanden zu werden.

Ich kann auch nachvollziehen, wie sich meine Eltern gefühlt haben mussten. Noch nie war ich so lange von ihnen getrennt gewesen und dann versuche ich plötzlich ihnen verständlich zu machen, warum ich mich nicht jeden Tag bei ihnen melden wollte.

Ich wollte ihnen erklären, wie ich zu diesem Entschluss gekommen war. Ich wollte nicht, dass sie dachten, ich hätte sie vergessen. Vor allem wollte ich ihnen beweisen, dass ich sie noch genauso sehr lieb hatte wie vorher. Leider ist das nur gar nicht so einfach, wenn man sich gerade am anderen Ende der Welt befindet.

Auf beiden Seiten wurden viele Tränen vergossen. Dinge gesagt, die nicht so gemeint und doch ausgesprochen wurden. Gefühle verletzt. Und letztlich doch Tränen getrocknet und Entschuldigungen ausgetauscht.

Ein Austauschjahr ist voller Höhen und Tiefen. Das war mit Abstand das schlimmste Tief.

*"Wherever you go, go with all your heart."*

*Confucius*

## Homecoming and Senior Night

Ehe ich mich versah, stand plötzlich Homecoming vor der Tür. Football Homecoming, um genauer zu sein. Das ist an der *High School* eine der ereignisreichsten Zeiten überhaupt. Spätestens jetzt hat auch der letzte Schüler sein blau weißes Ranger Shirt aus dem Kleiderschrank gewühlt.

Die Homecoming Vorbereitungen beginnen schon einige Wochen vor dem eigentlichen Event – dem letzten Football Heimspiel der Saison, bei dem in der Halbzeit die Homecoming Princesses und die Homecoming Queen sowie die Homecoming Princes gekürt werden.

Jeder Jahrgang einer *High School* bekommt von der Schule einen eigenen großen Autoanhänger zur Verfügung gestellt, den sie in eigener Verantwortung (aber normalerweise mit Unterstützung einiger Eltern) ihren Wünschen entsprechend „bebauen". Hierfür gilt es hauptsächlich, den Gegner einzuschüchtern, der ihnen beim Homecoming Football Spiel gegenübersteht. In dem Jahr, in dem ich an dem Senior Homecoming Wagen mit bauen durfte, waren das die Mustangs. Die zweite Priorität ist dann, den eigenen Jahrgang (bei mir die Seniors) hervorzuheben. Denn auch untereinander möchte man den besten Homecoming Wagen präsentieren.

Den Homecoming Wagen zu gestalten, kostet eine ganze Menge Zeit. Die hatte ich wegen des vielen Volleyball Trainings leider nicht, deshalb war ich nur an ein paar Nachmittagen dabei. Es verwunderte mich dennoch, wie wenig Schüler tatsächlich an dem Wagen mitbauten. Ich glaube, viele Schüler waren dafür etwas zu schüchtern. Dass der Wagen bei einem der „beliebten“ Mädchen erstellt wurde, hat vermutlich auch nicht weitergeholfen. Möglicherweise wäre es einen Versuch wert gewesen, den Wagen stattdessen an einem neutraleren Ort (irgendwo an der Schule zum Beispiel) zu bauen. Dann hätten bestimmt mehr Schüler vorbeigeschaut, allein schon aus Neugier.

Als die Homecoming Wagen dann pünktlich zum letzten Football Heimspiel der Saison fertig waren, ging es mit der nächsten Homecoming Tradition weiter – der Parade. Die Homecoming Parade ging durch die ganze Stadt und das nicht nur mit den vier Wagen, die von den Jahrgängen gebaut wurden. Zusätzlich bekam jede Sportmannschaft und jeder Club einen Anhänger, auf dem sie mitfahren durften.

An meiner Schule gab es in der Herbstsaison neben Volleyball und Football auch Cross Country (Langstreckenlauf) und Track and Field (laufen, werfen, springen). Zu den Clubs zählten neben Robotics, Band, Golf und Theater auch FFA (Future Farmers of America) und SADD (Students Against Destructive Decisions). Auch die bisherigen Homecoming Princes und Princesses sowie die Homecoming Queen hatten ihren eigenen Anhänger.

Da ich in diesem Jahr dem Volleyball Team angehörte, durfte ich auf dessen Anhänger mitfahren. Das war vielleicht ein komisches Gefühl. All die Leute, die auf die Parade warteten und uns zugewunken haben, als wären wir die Queen von England. Wir haben ihnen dann zurück gewunken und Süßigkeiten zugeworfen. Zumindest für die Kinder war das wohl der Hauptgrund, sich auf die Parade zu freuen. Aber ich sah auch viele stolze Eltern, die kaum aufhören konnten, Bilder von ihren Kindern zu machen. Die meisten Schüler waren vermutlich einfach froh, keinen Unterricht zu haben.

Als wir dann wieder an der Schule eintrafen, war der Spaß noch lange nicht vorbei. Es war unglaublich, wie viel *School Spirit* in der Luft lag. Jeder hatte irgendwas Blaues und Weißes an. Das lag auch daran, dass dieser Freitag der letzte Tag der Homecoming Dress Up Days war. Das Motto war heute Ranger Spirit Day.

Das Motto am Montag war Blackout Day, am Dienstag Opposite Gender Day, am Mittwoch Sports Day und am Donnerstag Throwback Thursday. Für Montag war es am einfachsten, ein Outfit zu finden. Ich trug alles in schwarz, nur eine schwarze Hose hatte ich leider nicht. Für den Opposite Gender Day gab Cindy mir eine Auswahl von Thomas` alten Kleidungsstücken. Ich wählte eine seiner Shorts, ein T-Shirt und ein aufgeknöpftes lässiges Shirt. Cindy fand ein altes Paar Schuhe von Thomas, die mir passten. Die Haare trug ich im Zopf, und ausnahmsweise durften wir in der Schule auch Cappys tragen. Damit war das Meisterwerk komplett. Für den Sports Day hatte mir eine Freundin eine ihrer Ice Hockey Shirts ausgeliehen. Für den Throwback Thursday hatte mir dann wieder Cindy weitergeholfen, indem wir zusammen mit allerhand bunten Farben ein T-Shirt bemalten. Dazu noch eine gehäkelte Weste, ein buntes Stirnband und natürlich eine Schlaghose; für einen Tag war ich nun Hippie. Am Freitag trug ich dann meinen blauen Ranger Hoodie. Den hatte ich in der Woche zuvor tatsächlich von meiner Busfahrerin geschenkt bekommen.

Ich kann bis heute kaum glauben, wie nett meine Busfahrerin zu mir war. Jeden Tag fragte sie mich, wie es in der Schule und mit meiner Gastfamilie so laufe und ob es etwas Neues gab. Den Hoodie schenkte sie mir dann mit dem Kommentar, dass ich ja im Winter etwas Warmes brauchen würde und dass ich jetzt auch ein Ranger sei. Zu Weihnachten bekam sie deswegen von mir eine Packung „Kinder Riegel“ und eine gelbe Christbaumkugel mit der Aufschrift „Best Bus Driver Ever“. Wenn ich mich heute an mein Austauschjahr zurückerinnere, denke ich nicht nur an die großen und bedeutsamen Tage, wie Homecoming oder Graduation, sondern auch oft an die kleinen Dinge. Meine Busfahrerin hat damals mit ihrer netten und herzlichen Art viel dazu beigetragen, dass ich gerne noch länger an der *High School* geblieben wäre. Nicht zuletzt durch sie bin ich gerne mit dem gelben Schulbus gefahren. Ja, auch meine großartige Busfahrerin bleibt mir immer in guter Erinnerung.

Ich hatte mich also an jedem dieser Dress Up Days verkleidet. Es war eine Tradition an amerikanischen Schulen und da ich jetzt Teil dieser Schule war, wollte ich auch an ihren Traditionen teilnehmen. Es nicht zu tun, schien mir persönlich, als würde ich mir eine der Erfahrungen entgehen lassen, wegen derer ich doch überhaupt erst diesen weiten Weg in die USA auf mich genommen hatte. Mir fällt es schwer nachzuvollziehen, warum ich die einzige Austauschschülerin war, die an allen Dress Up Days teilgenommen hatte. Aber das unterstützte mich nur in meiner Entscheidung, mich nicht auf die anderen Austauschschüler, sondern meine amerikanischen Mitschüler zu konzentrieren. Um ehrlich zu sein, glaube ich, dass es einigen der anderen Mädchen bis zum Schluss schwer fiel, wirklich ein Teil der Schule und der Rangers zu werden.

Als nächstes ging es in der Schule mit Spielen in der Turnhalle weiter. Dafür hatte jeder Jahrgang seinen eigenen Platz auf der Tribüne. Nach und nach wurde dann ausgewählt, welche Schüler ihren Jahrgang bei den einzelnen Spielen vertreten würden. Normalerweise wurden dafür die Stärksten und Schnellsten nominiert.

Manche der Spiele wurden gegen die anderen Jahrgänge gespielt, zum Beispiel Seniors gegen Juniors. Meistens beruhten die Spiele nur darauf, dass alle Zuschauer etwas zum Lachen bekamen. Deswegen haben auch nur Schüler an den Spielen teilgenommen, die selbst Spaß verstehen und über sich selbst lachen konnten.

Oft spielten aber auch die Lehrer gegen die Schüler. Diese Spiele waren dann wirklich die Krönung. Unser Schulleiter, Mr West, war einfach Spitze. Er war einer von uns, von den Schülern, und gleichzeitig immer noch eine Respektsperson. Man konnte mit jedem seiner Anliegen zu ihm kommen und wann immer man ihn sah, fragte er: „Hey, how‘s it going?“. Bei Mr West hatte man wirklich das Gefühl, dass er aufrichtig daran interessiert war, dass es jedem seiner Schüler an seiner Schule gutging.

Nachdem die Spiele beendet waren, kam dann endlich das, worauf die Schüler am meisten zu warten schienen. Der Spirit Stick wurde vergeben. Der Spirit Stick war zwar nur ein gewöhnlicher Holzstab, aber er hatte symbolische Bedeutung. Der Jahrgang, der in diesem Jahr am meisten Ranger Pride gezeigt hatte, sollte ihn bekommen. Dazu sollte zuerst jeder Jahrgang noch einmal seinen *School Spirit* unter Beweis stellen. Angefangen bei den Freshmen schrien und brüllten alle ihre Mottos. Die Wörter konnte man zwar nicht im Geringsten verstehen, aber darum ging es ja auch nicht. Ziel war es nur, so laut wie möglich zu sein.

Als schließlich die Seniors an der Reihe waren, brüllten auch wir alle, was das Zeug hielt. Am Ende schmissen wir dann noch blau weißes Konfetti umher.

In diesem Jahr gewannen die Sophomores den Spirit Stick. Unsere Stimme verloren hatten wir aber alle.

Homecoming war aber noch lange nicht zu Ende. Richtig spannend wurde es erst beim abendlichen Football Spiel. Da wir gegen die Mustangs spielten, hatten wir Schüler beschlossen, alle Camouflage beim Spiel zu tragen. Mit großer Lautsprecherdurchsage war das in der Schule zuvor verkündet worden. Und tatsächlich hatte fast jeder an dem Abend irgendetwas mit Camouflagen-Muster an. Diejenigen, die nichts in der Farbe hatten, liehen es sich entweder aus oder trugen zumindest etwas in den Schulfarben mit dem Ranger Logo darauf, selbst die Eltern der Football Spieler oder die Zuschauer, die mit zu dem Spiel gekommen waren. Ein Football Spiel war noch nie so gut besucht gewesen wie an diesem Tag.

Das Spiel verlief, genau wie das allererste Heimspiel der Saison, ziemlich erfolgreich. Die Mustangs waren harte Gegner, aber die Rangers waren besser. Go Rangers!

Pünktlich zur Halbzeit sah man dann, wie sich die Homecoming Princes und Princesses vor dem Football Feld aufreihten. Selbst in der einsetzenden Dämmerung waren sie ziemlich gut zu erkennen, denn die Mädchen trugen alle sehr elegante lange Kleider. Sie schienen sehr aufgeregt, aber vor allem waren sie auch deutlich am Frieren. Der Winter stand vor der Tür und es waren eisige Temperaturen.

Die Homecoming Royalty war in den Tagen zuvor von allen Schülern gewählt worden. Für jeden Jahrgang wurden dabei zwei Princesses und zwei Princes gewählt. Die Wahl der Queen stand aber noch bevor.

Als das erste Pärchen aus Prince und Princess dann endlich ihren Auftritt hatte, sah man, wie genau hier alles einstudiert war. Jeder wusste, wann er wo langgehen sollte und wo er zu stehen hatte. Besonders schön fand ich, dass zu jeder Person kurz etwas über die Lautsprecher angesagt wurde, zum Beispielwelchen Clubs er angehörte und was er nach der *High School* einmal vorhatte.

Schließlich waren dann alle aus der Homecoming Royalty vorgestellt worden. Nun kam noch eine Person hinzu, die ich bisher noch nicht kannte. Sie trug eine große Krone. Das war die Homecoming Queen des letzten Jahres. Die Queen wird nämlich immer aus den Seniors gewählt.

Nun stellten sich also alle Senior Princesses nach vorne, und zwar nicht nur diejenigen aus diesem Jahr, sondern auch alle Seniors, die in vergangenen Jahren schon zur Homecoming Princess gewählt worden waren. Die Queen nahm ihre

Krone ab. Das Szenario erinnerte mich schon ein wenig an die Wahl der Miss America. Nachdem die Queen des letzten Jahres ein wenig Spannung aufgebaut hatte, setzte sie die Krone dann schließlich auf den Kopf eines der Mädchen. Die neue Queen  war natürlich außer sich vor Freude. Es handelte sich hierbei um eines der Mädchen aus meinem Varsity Volleyball Team. Ich kannte sie und wusste, dass sie sehr nett und zuvorkommend war. Ich freute mich, dass sie die neue Queen wurde und ich glaube, fast alle Schüler waren da meiner Meinung. Sie hatte es wirklich verdient.

Das letzte Heimspiel der Football Saison bedeutete für mich, dass auch das letzte Volleyball Heimspiel bevorstünde. Eine Woche später war es so weit. An diesem Tag ging ich mit einem mulmigen Gefühl zur Schule. Ich konnte nicht fassen, dass ich nach diesem Spiel nicht mehr jeden Tag mit den anderen Mädchen trainieren würde. In der Schule wartete dann aber noch eine Überraschung auf mich.

Mein Spind war, genau wie der der anderen Senior Volleyball Spieler, dekoriert worden. Auf einem selbstgemalten Volleyball standen mein Name und meine Nummer, ich war die 10. Keiner hatte mir vorher erzählt, dass das letzte Heimspiel der Saison immer die Senior Night war. Hier wurden alle Seniors geehrt, weil das ja ihre letzte Saison war.

Dieses Spiel war für mich das erste Mal, dass mich der Coach tatsächlich aufs Feld ließ. Vermutlich sah er sich dazu gezwungen, weil ich ein Senior war und weil, nun ja, Senior Night war. Das änderte aber nichts daran, dass ich mich darüber freute und die anderen Mädchen des Teams noch umso mehr.

Bevor das Spiel allerdings losging, wurden alle Seniors aufgerufen und bekamen von den anderen Mädchen des Teams eine kleine Geschenktüte überreicht. Genau wie beim Football Homecoming Spiel wurde kurz etwas über uns gesagt. Wir vier Senior Spielerinnen wurden jeweils von unseren Eltern vor das Publikum begleitet. Bei mir waren das natürlich Cindy und David.

Ich weiß noch genau, wie überwältigt ich damals war. Für mich stand dieser Moment zum einen symbolisch dafür, dass ich für Cindy und David wirklich ein Familienmitglied geworden war. Zum anderen hatte ich es geschafft, ein Teil der Schule zu werden. Ich war nicht mehr nur die neue Austauschschülerin, ich war jetzt „ein Ranger“.

Auch Whitney und ihre beiden Söhne, Gavin und Waylon, waren gekommen, um diesen besonderen Moment mit mir zu teilen. Außerdem haben mich Scarlett, Katie und Howard kräftig angefeuert, zusammen mit dem Rest der Schule.

Ich, das einst so zurückhaltende Mädchen aus Deutschland, war nun tatsächlich „ein Ranger“.

*"Like all great travelers, I have seen more than I remember and remember more than I have seen."*

*Benjamin Disraeli*

## Time Flies

Jeder ehemalige Austauschschüler, mit dem ich mich vor meiner Abreise in die USA unterhalten hatte, beendete das Gespräch immer mit denselben Worten. Ich solle meine Zeit in den Vereinigten Staaten genießen und das Beste daraus machen, denn die Zeit sei schneller vorbei, als man denkt.

Heute kann ich genau diesen Ratschlag an andere zukünftige Austauschschüler weitergeben. Die Zeit verfliegt. Den einen Tag packst du deine Koffer aus und am nächsten ist es schon wieder Zeit, ihn einzupacken.

Ich persönlich kam zu dieser Erkenntnis, als ich nichtsahnend in der Schule saß und plötzlich Mrs Williams verkündete, dass das erste Trimester in wenigen Tagen vorbei sei. Ich war doch erst ein paar Wochen an der Schule, wie kann denn jetzt schon ein Trimester um sein? So fühlte es sich zumindest an. In Wirklichkeit waren es schon weitaus mehr als nur ein paar Wochen.

Als ich nun näher darüber nachdachte, fiel mir auch auf, wie normal mein Leben hier für mich geworden war. Der Unterricht, die gemeinsame Mittagspause mit Scarlett, Katie und Howard, das Training nach der Schule, all das war schon zur Routine für mich geworden.

Das einzig Neue, das nun auf mich zukam, war der neue Sport.

Ein paar Wochen zuvor hatte ich Howard erzählt, wie enttäuscht ich war, dass Volleyball bald vorbei sein würde. „You should try out for another sport“, war seine Reaktion. Auch in der Winter-Saison einem Team beitreten, war gar keine so schlechte Idee. Ich hatte mir ja schließlich vorgenommen, das Bestmögliche aus meiner Zeit in den USA zu machen. Und einfach nur zu Hause am Handy zu sitzen, gehörte definitiv nicht dazu.

Die Übergangszeit von einer Saison in die nächste stellte sich als besonders anstrengend heraus. Ich hatte beschlossen, mich in der Winter-Saison für das Basketball Team zu bewerben. Nun hatte ich direkt nach der Schule um 15:15 Uhr zunächst einmal eine Stunde Konditionstraining als Vorbereitung für die Basketball Saison. Die war zwar freiwillig, aber so hatte ich schon einmal die Gelegenheit, die neuen Coaches kennenzulernen. Danach sollte es um 18 bis 20 Uhr mit Volleyball Training weitergehen.

Das war zumindest der Plan. Als ich dann aber in meiner Sportkleidung in der Halle saß und eigentlich nichts weiter vorhatte, als vor dem Training noch ein wenig zu entspannen, kam einer der Jungs, der jedes Jahr an der Schule Basketball spielte. Wir hatten uns schon kennengelernt, und da er wusste, dass ich ins Basketball Team wollte, nutzte er die Zeit, um mir vorab schon mal ein paar Techniken beizubringen. Ich war total kaputt, bevor das Volleyball Training überhaupt angefangen hatte. Das wiederholte sich dann auch die nächsten Tage. Eine Stunde Konditionstraining, dann eineinhalb Stunden Basketball üben und schließlich noch zwei Stunden Volleyball Training. Noch nie hatte ich in meinem ganzen Leben so viel Sport gemacht. Aber es fühlte sich gut an, so beschäftigt zu sein.

Das Basketball Tryout erstreckte sich über drei Tage. Hier trainierten uns alle vier Coaches (zwei für das Junior Varsity Team und zwei für das Varsity Team) zusammen. Gemeinsam würden sie am Ende der drei Tage entscheiden, wer ins Junior Varsity Team und wer ins Varsity Team käme.

Zu meiner Überraschung waren auch zwei der anderen Austauschschüler zum Basketball Tryout gekommen. Ich freute mich für sie.

Jeder, der schon einmal Basketball gespielt hat, weiß, dass Basketball mit sehr viel Laufen verbunden ist. Eigentlich macht man die ganze Zeit über nichts anderes. Base Line. Das konnte ich irgendwann nicht mehr hören. Jedes Mal, wenn einer der Coaches das rief, mussten wir wieder sprinten, sprinten, sprinten. Aber obwohl das Training so anstrengend war (im Gegensatz dazu war Volleyball fast ein Spaziergang gewesen), machte es auch riesigen Spaß. Die Coaches waren klasse, sie haben es immer wieder geschafft, einen zu motivieren. Und anders als beim Volleyball wurden auch wir Austauschschüler nicht außer Acht gelassen. Wir wurden genauso von den Coaches gefordert und gefördert wie alle anderen Spielerinnen auch.

Am Ende des letzten Trainingstages war es dann endlich so weit. Wir wurden den Teams zugeteilt. Natürlich hoffte ich, wieder in das Varsity Team zu kommen. Ich und die anderen beiden Austauschschüler wurden jedoch Teil des Junior Varsity Teams. Zuerst war ich sehr enttäuscht darüber. Letztendlich kann ich es aber nachvollziehen. Das Varsity Team hatte auch ohne uns schon viel zu viele Spielerinnen und, ja, sie hatten während des Tryouts einfach besser gespielt als wir, nicht zuletzt, weil sie jahrelange Erfahrung hatten.

Das Junior Varsity Team wäre im Gegensatz zum überfüllten Varsity Team auch viel zu klein ohne uns gewesen. Selbst mit den drei Austauschschülern brachten wir es gerade mal auf zehn Spieler. Fünf davon waren immer auf dem Feld und natürlich müssen bei einem so anstrengenden Sport auch oft Spieler ausgewechselt werden. Ein Junior Varsity Team mit nur sieben Spielern hätte Schwierigkeiten gehabt, überhaupt gegen andere Schulen anzutreten, sobald mal jemand krank oder verletzt war. Außerdem steigen nach ein paar Wochen auch immer ein paar Spielerinnen aus. Bei uns war das in diesem Fall leider auch eine der Austauschschülerinnen.

Es stellte sich heraus, dass das Training mit dem JV Team (in dem fast alle Freshmen und Sophomores waren) kein bisschen weniger Spaß machte als das Training mit den Juniors und Seniors. Vor allem war ich sehr erleichtert darüber, dass die beiden Coaches uns so toll trainierten. Außerdem trainierten wir auch oft mit dem Varsity Team und dessen Coaches zusammen. Die Basketball Coaches haben mich viel mehr motiviert als zuvor der Volleyball Coach. Sie haben uns zwar allen sehr viel abverlangt und es ging auch nicht immer nett und höflich zu, aber das gehörte einfach zum Basketball Training dazu. Man stellt sich an die Base Line und sprintet zum hundertsten Mal die Halle auf und ab, auch wenn man sich am liebsten nur noch hinsetzen und die Beine hochlegen würde. Was der Coach sagte, war hier Gesetz. Alle Spielerinnen hatten sehr viel Respekt vor den Coaches, manche von ihnen sogar mehr als vor den Lehrern.

Die Teamzugehörigkeit war in den USA eng mit der Schule verknüpft. Jede Mannschaft wollte ihrer Schule zum Erfolg verhelfen und sehr erfolgreiche Teams standen viel in der Öffentlichkeit und repräsentierten ihre Schule.

Außerdem durften die Spielerinnen nur am Training teilnehmen und zu Spielen gegen andere Schulen mitfahren, wenn sie in allen Kursen akzeptable Noten hatten. Die Lehrer standen immer in engem Kontakt zu den Coaches. Sobald nur ein Test oder eine Hausaufgabe eine Sechs war, wusste der Coach sofort davon Bescheid. Dann wurde in jedem Fall individuell entschieden, was die Konsequenzen waren. Wenn die Spielerin normalerweise sehr zuverlässig war und gute Noten schrieb, ermahnten sie die Coaches oft nur, dass sie sich wieder mehr Mühe geben müsse. Wenn die Spielerin aber kurz davor stand, in einem Kurs durchzufallen, konnte es auch so weit gehen, dass sie für die nächsten Spiele ganz ausgeschlossen wurde. Dann durfte sie auch erst wieder am Training teilnehmen, wenn sich ihre Noten verbessert hatten. Das sollte verhindern, dass die Teilnahme an einem Sport als Ausrede dafür diente, die Schule zu vernachlässigen. Die Spielerinnen hatten also einen guten Grund, sich nicht nur auf dem Feld, sondern auch in der Schule anzustrengen.

Mit dem Ende des ersten Trimesters kam dann auch mein erstes amerikanisches Zeugnis. In den USA reichten die Noten von A über B, C und D bis hin zu F. Auch Plus und

Minus wurden im Zeugnis mit angegeben: (A+, A-, B+, B-, C+, C-, D+, D-, F+). Ein Kurs galt als bestanden, sobald man ein C- oder besser erreichte. Die Prozentzahlen konnten variieren; an meiner Schule brauchte man mindestens 68%, um zu bestehen.

Auch der Notendurchschnitt wurde anders angegeben als in Deutschland. In den USA gab es hierfür den GPA, den Grade Point Average. Ein Notendurchschnitt von 1,0 in Deutschland entsprach in den USA einem GPA von 4,0.

Abgesehen von der amerikanischen Darstellung der Noten in Buchstaben, nicht Zahlen, wie es in Deutschland der Fall ist, gab es noch einen weiteren großen Unterschied. Einen Notendurchschnitt von 4,0 beziehungsweise 1,0 zu erreichen, war in den Vereinigten Staaten weitaus einfacher und weniger selten als in Deutschland. Für viele Schüler in den USA war das gar nichts Besonderes mehr. Jedes Jahr gab es Schüler, die den perfekten Notendurchschnitt erreichten.

Sowohl die amerikanischen Tests, Quizzes genannt, als auch die Klausuren, Tests genannt, bestanden aus Multiple Choice Fragen. Ich schrieb keine einzige Klausur, bei der ich einen ausformulierten Text schreiben musste. Manche Klausuren waren sogar Open Book Tests – wir duften tatsächlich während der Klausur die Bücher benutzen! In Deutschland nennen wir das spicken, in den USA hieß das Open Book Test. Das erklärte dann auch die vielen 4,0 GPAs. Natürlich mussten auch hier die Schüler lernen, das ist gar keine Frage, aber sicherlich nicht annähernd so viel, wie es in Deutschland erforderlich wäre.

In meinem Sociology Kurs gingen wir dann sogar noch eine Stufe weiter. Ein paar Stunden vor der anstehenden Klausur bekamen wir einen Lernzettel mit Aufgaben, einen Study Guide, den wir bearbeiten sollten. In der nächsten Stunde verglichen wir dann gemeinsam die Lösungen. Diesen Study Guide sollten wir zum Lernen verwenden, hatte uns Mrs Edwards gesagt. Genau das tat ich dann auch. Als ich am nächsten Tag den Klausurzettel umdrehte, konnte ich es kaum fassen. Die Aufgaben waren eins zu eins die auf dem Study Guide. Genau dieselbe Reihenfolge, genau dieselben Multiple Choice Fragen und möglichen Antworten. Mrs Edwards hatte uns tatsächlich eine exakte Kopie der Klausur als Lernvorbereitung gegeben.

In dieser Klausur, und auch allen weiteren Klausuren in ihrem Kurs, bekam ich 100% (A+). Bis heute bleibt es mir rätselhaft, wie es in meinem Sociology Kurs zu schlechten Noten kommen konnte. Wir hatten die Klausur doch jedes Mal schon zwei Tage, bevor wir sie überhaupt schreiben mussten, vorliegen. Ganz offensichtlich hatten die betroffenen Schüler nicht auch nur eine Minute gelernt. Jedenfalls gab es dann keinen Grund, sich über seine Note zu beschweren.

Es versteht sich von selbst, dass ich in den USA bessere Noten hatte als in Deutschland. Das hatten vermutlich alle Austauschschüler, egal aus welchem Land. Reine Multiple Choice Klausuren war keiner von uns gewöhnt. Als ich meinen Freunden erzählte, dass wir in Deutschland in den Klausuren ganze Texte schreiben müssen, waren sie bestürzt. Sie fragten mich alle entgeistert, ob wir denn nicht dauernd durchfallen würden und wie wir überhaupt unseren Abschluss schaffen würden.

Der Kurs, in dem ich am meisten Probleme hatte, das bedeutete ein B-, war Earth Science. Hier gab es so viele Fachbegriffe und eine solch komplexe englische Sprache, dass ich jeden Nachmittag erst einmal eine halbe Stunde damit verbrachte, ganze Texte zu übersetzen, bevor ich mit den Hausaufgaben überhaupt anfangen konnte. Da halfen mir die Multiple Choice Tests auch nicht weiter, denn anders als in Deutschland musste ich hier jede Hausaufgabe abgeben. Jede einzelne Hausaufgabe und jede Aufgabe, die man im Unterricht bearbeitet, wurde hier benotet. Die Aufgaben, die man zum Unterrichtsende abgeben musste, fielen dann immer besonders schlecht aus. Ich hatte nie genug Zeit, um fertig zu werden und mein Handy für Übersetzungen benutzen, durfte ich auch nicht. Die meisten anderen Lehrer haben das aber zum Glück erlaubt.

Umso erstaunter war ich, als meine Noten aus dem Nichts heraus besser wurden. Sogar so gut, dass ich im ersten Zeugnis ein A bekam. Dabei hatte sich an meinen Leistungen gar nichts verändert. Aber eine Sache gab es da, die sich verändert hatte. Mrs Williams war aufgefallen, dass ich mit Katie befreundet war. Katie war eine der besten Schülerinnen im Kurs und genoss auch einen besonderen Vertrauensstatus bei Mrs Williams. Ein paar Mal die Woche ging ich sogar mit Katie in einen kleinen Nebenraum, wo sie für Mrs William Tests und Quizzes korrigierte. Natürlich möchte ich Mrs Williams nicht unterstellen, dass ich nur deshalb auf einmal bessere Noten bekam und ich war schon gar nicht dumm genug, kritisch bei ihr nachzufragen, aber etwas seltsam war die ganze Sache schon.

Mein absolutes Lieblingsfach war Englisch bei Mrs Evans. Sie las Bücher mit uns, die uns nicht nur für die Schule weiterhalfen, sondern auch für das ganze Leben einige wichtige Lektionen enthielten. Außerdem sah man ihr an, dass sie auch selbst überzeugt von den Büchern war. Glücklicherweise konnte sie die Bücher selbst auswählen, im Senior Englisch Kurs gab es zumindest keine Pflichtlektüren.

Das Buch, das mir am meisten in Erinnerung geblieben ist, trägt den Titel „Tuesdays with Morrie“. Bei Morrie handelt es sich um einen schwerkranken ehemaligen Professor, der nur noch wenige Monate zu leben hat. Regelmäßig kommt einer seiner früheren Studenten bei ihm zu Besuch. Jeden Dienstag bringt Morrie ihm bei, was er alles über das Leben und Sterben gelernt hatte. Das Buch ist unglaublich bewegend und lehrreich. Ich kann nur jedem empfehlen, es zu lesen.

Die Aufgaben zu den Büchern waren dann ebenso tiefgründig wie die Bücher selbst. Es war das erste Mal, dass ich tatsächlich Spaß an Hausaufgaben hatte. Ich dachte immer viel darüber nach, was für Lektionen einem die Autoren der Bücher vermitteln wollten. „Always looking forward to your assignments“, hatte Mrs Evans immer gesagt, wenn ich die Hausaufgaben einreichte. Für ihre Hausaufgaben gab ich mir besonders große Mühe.

Der Unterricht begann an meiner *High School* morgens um 7:45 Uhr und endete um 14:50 Uhr. Zwischen den einzelnen Kursen hatten wir, abgesehen von der 30-minütigen Mittagspause, nur jeweils vier Minuten Zeit, um den Raum zu wechseln.

Da ich nach der Schule auch noch Hausaufgaben machen musste und jeden Tag zwei Stunden Training hatte, war ich also ganz schön beschäftigt. Außerdem hatte ich natürlich auch Aufgaben im Haushalt, so wie das eben in jeder Familie ist.

Das Leben in den USA war für mich ein wahr gewordener Traum, weil ich die Möglichkeit hatte, einen anderen Teil der Welt kennenzulernen. Es war das aufregendste Abenteuer, das ich jemals gewagt habe zu leben. Aber es war auch anstrengend. Jeder, der das erlebt hat, was ich erlebt habe, würde dasselbe sagen.

Wenn mir also jemand sagt, ein Austauschjahr sei ja „quasi wie Urlaub", kann ich deswegen nur den Kopf schütteln.

Ein Austauschjahr ist kein Urlaub.

Im Ausland zur Schule zu gehen, bedeutet, deine Seele und deinen Verstand für Menschen zu öffnen, die vor einer Sekunde noch Fremde für dich waren. Es bedeutet, deine Familie für ein Jahr hinter dir zu lassen, um Teil einer neuen zu werden.

Ein Austauschjahr ist kein Urlaub.

Es ist keine rosarote Märchenwelt, die dir jeden deiner Wünsche von den Augen abliest. Nein, ein Austauschjahr ist wie die Fahrt mit einer Achterbahn voller Höhen und Tiefen, aber am Ende war es das alles wert.

Ein Austauschjahr ist kein Urlaub.

Ein Austauschjahr bedeutet, sich einer neuen Umgebung, einer neuen Kultur und neuen Gewohnheiten anzupassen.

Ja, es kann das beste Jahr deines Lebens werden, aber es gibt keinen, der das schaffen kann, außer dir selbst. Das kann dir keiner abnehmen. Um das zu schaffen, musst du viel Arbeit investieren und deshalb kann ich nur sagen:

Ein Austauschjahr ist kein Urlaub.

Am Ende des Jahres werden beide Länder, Deutschland und die Vereinigten Staaten von Amerika, einen Teil deines Herzens bei sich behalten und den werden sie nie, nie wieder loslassen.

*"To travel is to live"*

*Hans Christian Andersen*

## Simply American

Obwohl ein Austauschjahr auch gut dazu geeignet ist, eine andere Schulform kennenzulernen und die Sprache besser zu beherrschen, geht es den meisten doch um etwas vollkommen Anderes. Mich eingeschlossen.

Ich war nicht nur in die USA gereist, weil ich es mir so toll vorstellte, dort zur Schule zu gehen. Ich wollte herausfinden, wie der amerikanische Alltag wirklich aussah und was in den Medien schlichtweg erfunden war.

Ohne meine Freunde wäre mir das wohl kaum möglich gewesen. Wenn wir uns nach der Schule trafen, gingen wir meistens ins Kino oder zur Shopping Mall. Dazu mussten wir zwar immer etwas weiter fahren, aber für Amerikaner war das normal. Sie waren schon daran gewöhnt, dass sie überall mit dem Auto hinfahren mussten. In einem so riesigen Land wie den USA liegen die Städte eben etwas weiter auseinander. Um zur Mall oder ins Kino zu kommen, waren wir etwa eine halbe Stunde unterwegs. Am besten fand ich das Kino, in dem jeder Film nur zwei Dollar gekostet hat. Das waren dann vor allem Filme, die es schon auf DVD gab, aber das machte mir nichts aus. Ich ging zwar auch in Deutschland gerne ins Kino, aber neun bis zehn Euro pro Film konnte ich mir auf die Dauer doch nicht so oft leisten. Zwei Dollar dagegen schlugen kaum aufs Portemonnaie.

Noch öfter als ins Kino gingen wir aber zur Mall. Dort gab es zum einen die typischen Geschäfte wie bei uns in Deutschland, zum Beispiel Kleidungsgeschäfte, Technikläden und eine ganze Menge Fast Food Häuser. Aber es gab auch einige Geschäfte, die man bei uns nicht so oft findet.

Cindys Lieblingsgeschäft war zum Beispiel ein großer Disney Laden. Das war das wahre Paradies für jeden, der Disney Filme liebt, nicht nur für Kinder. Außerdem gab es einen eigenen Laden nur für Poster und Schallplatten. Dort hingen auch viele Filmplakate, ich fand zum Beispiel ein hübsches von Harry Potter. Jedes Mal, wenn wir zur Mall gingen, mussten wir natürlich auch in einem der beiden Süßigkeitenläden vorbeischauen, das versteht sich von selbst.

Ein großer Unterschied zu deutschen Kaufhäusern lag aber nicht allein in den Geschäften. Es gab hier auch eine Vielzahl an Massagesesseln und Handyaufladestationen. Überall fand man Ecken, an denen man sich hinsetzen konnte, wenn die Beine einen nicht mehr tragen wollten.

Und dann gab es da noch die zahlreichen kleinen Stände, an denen zum Beispiel Handyhüllen, Make Up und allerlei technische Kleinigkeiten verkauft wurden. An jedem dieser Stände war natürlich ein eigener Verkäufer. Wenn man dort entlanglief, war das Verhalten ziemlich genau dasselbe, wie wenn in Deutschland jemand in der Fußgängerzone irgendeinen Stand aufgebaut hat. Schnell gehen, uninteressiert wirken und auf gar keinen Fall, unter keinen Umständen,

Blickkontakt mit dem Verkäufer aufnehmen. Außer natürlich, man wollte tatsächlich etwas kaufen, aber wie oft kam das schon vor?

Das einzige, was mir an der Mall nicht so gut gefiel, war der Tierladen. Dort gab es nicht nur Kleintiere wie Fische und Kaninchen und das entsprechende Zubehör. In kleinen, lieblosen Käfigen saßen dort verschiedene Hundewelpen. Manche zu zweit oder zu dritt und manche auch ganz alleine in einem Käfig. Cindy wusste zwar, dass ich die Welpen schrecklich niedlich fand, aber von meinen moralischen Bedenken wollte ich ihr nicht erzählen. Fast alle, mit denen ich zur Mall ging, liebten das kleine Tiergeschäft. Das wollte ich nicht mit meiner ethischen Kritik ruinieren, ich hätte für die Tiere dort nichts tun können. Außerdem war ich in die USA gereist, um das Land und die Leute kennenzulernen, nicht um sie zu verändern.

Mein persönliches Lieblingsgeschäft war dort aber Barnes & Noble, der riesengroße wunderschöne Buchladen. Insgesamt kaufte ich mir dort bestimmt zehn bis zwölf Bücher. Englische Literatur gehörte zu einer meiner größten Leidenschaften.

Das Geschäft, das jedoch am meisten als Symbol für das Amerikanische angesehen werden konnte, war Walmart. Das war das vermutlich größte und am weitesten verbreitete Geschäft der USA. Hier gab es einfach alles. Von Lebensmitteln über Bücher, Filme, Hygieneartikel, Fahrräder, Kleidung und Schulsachen bis hin zu Handys, Fernseher und Zubehör. Bei Walmart konnte man Stunden verbringen, ohne dass einem langweilig wurde. Egal was man suchte, hier wurde man fündig. Man verließ das Geschäft nur nicht immer mit dem, weswegen man eigentlich hier war.

Ich ging bei Walmart meistens mit Cindy einkaufen. David war zwar auch oft dabei, aber er setzte sich am liebsten auf eine Bank und schaute den anderen Leuten beim Einkaufen zu. „Bei Walmart sieht man allerhand komische Leute", würde er immer sagen. Ganz Unrecht hatte er damit nicht.

Im Herbst genossen wir außerdem oft das angenehm kühle Wetter, indem wir ein Lagerfeuer machten. Teilweise hatte ich den Eindruck, dass der riesig große Garten von vielen Amerikanern nur dazu genutzt wurde, abends auf dem Anhänger ihrer Pick Ups um das Feuer zu sitzen, die Musik voll aufzudrehen und so den Tag ausklingen zu lassen. S'mores durften natürlich auch nicht fehlen. Hierzu rösteten wir uns Marshmallows und legten diese dann zusammen mit Schokolade zwischen zwei Kekse. Einfach himmlisch, vor allem, wenn man statt der Schokolade Reese's nimmt, die sind mit Erdnussbutter.

Abgesehen von den Lagerfeuern wird der Garten von vielen Amerikanern erstaunlich wenig genutzt, obwohl er im Vergleich zu den Häusern meist unglaublich groß ist. Häufig brauchen Amerikaner kein riesiges und pompöses Haus, aber das Grundstück soll dafür umso größer sein. In Deutschland ist das wohl eher umgekehrt der Fall. Die Häuser sind groß und modern, aber der Garten darf auch etwas kleiner ausfallen. Das liegt vermutlich aber auch daran, dass wir in Deutschland einfach nicht so viel Platz haben. Jedes Land hat somit seine ganz eigenen Prioritäten.

Schon bevor ich in den USA angekommen war, hatte ich davon gehört, dass Amerikaner überall mit dem Auto hinfahren sollen. Es wird sich oft darüber lustig gemacht, dass sie doch auch mal mit dem Bus fahren oder zu Fuß gehen könnten. Ich kann definitiv nicht abstreiten, dass Amerikaner wirklich überall immer mit dem Auto hinfuhren. Das einzige Mal, dass die Gehwege wirklich reichlich genutzt wurden, war während der Side Walk Days. Bei den Side Walk Days hatten nämlich alle Geschäfte und Restaurants auf dem Gehweg vor ihrem Eingang kleine Stationen mit Spielen, Preisen und allerhand kostenlosen Extras aufgebaut. Vor allem für Kinder war das toll, weshalb ich zusammen mit Whitney, Gavin und Waylon (den kleinen Söhnen) einige der Spiele ausprobierte.

Jetzt waren die Gehwege zum ersten Mal ziemlich überfüllt. Normalerweise ist das eher bei den Parkplätzen der Fall. Dennoch muss ich die Amerikaner in dieser Hinsicht auch ein klein wenig in Schutz nehmen. Mit dem Bus fahren konnten sie nicht, den gab es in den USA nämlich nicht. Es gab nur den Schulbus und die Strecken zwischen größeren Städten konnte man mit dem Zug zurücklegen. Aber wie kam man dann zum vierzig Kilometer entfernten Bahnhof? Richtig, mit dem Auto. Und irgendwo zu Fuß hinzugehen, bedeutete in den USA, dass man mindestens ein bis zwei Stunden unterwegs war, selbst wenn man nur beim nächsten Bäcker ein paar Brötchen kaufen wollte. Hier war schlichtweg alles weiter voneinander entfernt. Während bei uns in Deutschland vieles nur wenige Gehminuten entfernt ist, konnte man in den USA schnell mal zehn bis zwanzig Kilometer dazu rechnen. Dann überlegte man sich schon zweimal, nicht doch ganz bequem das Auto zu nehmen. Außerdem waren in den USA auch viel seltener Gehwege vorhanden, sodass Amerikaner dann immer auf den Straßen gehen müssten. Das wäre nicht immer ganz ungefährlich, denn genau wie in Deutschland war es hier nicht unüblich, das Handy auch hinter dem Steuer weiter zu benutzen.

Anders als in diesem Fall können Stereotype auch sehr negative Auswirkungen haben, nämlich dann, wenn sie zu wertend werden. Man sollte sich nicht vorschnell über die Sitten anderer Länder lustig machen oder sie verurteilen, ohne die Gründe dahinter zu kennen. Zumindest sollte man versuchen sich selbst bewusst zu machen, was wirklich auf eigenen Erfahrungen beruht und was reine Vorurteile sind.

Trotzdem hat es mich gewundert, dass viele Amerikaner sehr wenig ihrer Freizeit in der Natur verbrachten, obwohl sie davon wirklich mehr als genug hatten. Ich schätze, sie waren vor allem mit anderen Dingen beschäftigt. Die meisten von ihnen waren nämlich ständig unterwegs, always in action. Vor allem am Wochenende standen immer irgendwelche Familienfeste, Geburtstage oder Barbecues an. Typisch amerikanisch war auch eine Baby Shower. Das war eine Party von einer werdenden Mutter, bei der die Schwangere mit vielen kleinen Geschenken für das Baby überhäuft wurde und natürlich auch mit Glückwünschen. Oft wurde bei dieser Party auf ganz individuelle Weise das Geschlecht des Kindes verraten, zum Beispiel mit Hilfe von Luftballons, die mit pinkem oder blauem Konfetti gefüllt waren.

Alle diese Feiern hatten dabei eines gemeinsam: Jeder Gast beteiligte sich entweder bei den Vorbereitungen oder er brachte Snacks oder eine kleine Hauptspeise zur Party mit. Die Einstellung der Amerikaner war hierbei ziemlich eindeutig. Jeder, der an der Party teilnahm, könne sich auch an den Kosten beteiligen. Das war vermutlich auch ein Grund dafür, dass in den USA viel häufiger als in Deutschland diese kleinen Feiern stattfanden. Man war nun mal eher dazu geneigt, auch bei kleineren Anlässen seine Freunde und Verwandten einzuladen, wenn das nicht sofort den finanziellen Ruin bedeutete. In den USA half man sich gerne gegenseitig, man war Teil einer Gemeinschaft. In Deutschland ist das eher selten.

Sonntagvormittags ging ich immer mit Cindy in die Kirche, außer wenn wir schon etwas anderes vorhatten, zum Beispiel einen Ausflug oder Ähnliches. Die Kirche war mit dem Auto in nur wenigen Minuten zu erreichen. Sie war, wie die meisten amerikanischen Kirchen, sehr klein und einfach gehalten. Eine Orgel gab es nicht, aber die war für den Gottesdienst auch nicht zwingend notwendig. Allgemein hatte ich den Eindruck, dass es in den USA weitaus mehr Kirchen als in Deutschland gab, sie waren dafür aber kleiner und nicht so prunkvoll ausgestattet. Oft unterschieden sie sich abgesehen von den Bänken und der hohen Decke nicht viel von normalen Häusern.

Der Gottesdienst in den USA hatte viel Ähnlichkeit mit dem in Deutschland. Es wurde viel gesungen, aus der Bibel vorgelesen und natürlich gebetet. Nach dem Gottesdienst ging es dann aber noch weiter. Zuerst gab es eine kurze Pause mit Snacks (hierfür brachte abwechselnd jeder etwas mit). Danach ging es dann mit Sunday School weiter, der

Sonntagsschule. In unserer Kirche gab es dafür eine Erwachsenen-Gruppe und eine Gruppe für Jugendliche. Während die Erwachsenen- Gruppe vom Pastor Dan geleitet wurde, wurden wir Jugendliche von der Frau des Pastors, Chloe, oder seiner Tochter Hope unterrichtet.

Dan, Chloe und Hope waren alle sehr humorvolle und liebevolle Menschen. Sie gaben sich alle Mühe, dass ich mich bei ihnen wohlfühlte. Auch an sie denke ich immer mit einem Lächeln im Gesicht zurück.

Ich finde es sehr schade, dass viele Jugendliche heutzutage einen so großen Vorbehalt der Kirche gegenüber zeigen. Auch wenn man nicht religiös ist, sollte sich jeder Austauschschüler gut überlegen, ob er sich wirklich weigern möchte, einen Fuß in eine Kirche zu setzen. Religion spielt in den USA für viele Menschen eine große Rolle und sich dem zu verweigern, bedeutet auch, einen Teil der amerikanischen Sitten abzulehnen. Sonntags in die Kirche zu gehen, bedeutet noch so viel mehr als das Offensichtliche, die Religion. Und auch wenn man nicht an Gott glaubt, sollte man sich diese Erfahrung nicht schon von vornherein versagen. Es wird schließlich von niemandem verlangt, gleich vor der gesamten Kirche einen Vortrag über Gott zu halten.

Bei YFU, meiner Organisationen für das Austauschjahr, konnte man angeben, wie oft man bereit war, mit der Gastfamilie zur Kirche zu gehen. Ich gab damals an, dass ich so oft zur Kirche gehen würde, wie das meine Gastfamilie tat. Ich hätte aber auch angeben können, dass ich das gar nicht tun möchte. Dann hätte ich aber meine Chancen gemindert, eine Gastfamilie zu finden.

Ich glaube, das ist manchen Austauschschülern gar nicht bewusst. Je mehr Anforderungen man an seine zukünftige Gastfamilie stellt, desto schwerer wird es letztendlich für YFU, eine geeignete Familie zu finden. Welchen Austauschschüler sie aufnehmen möchten, entscheidet nämlich immer noch die Gastfamilie.

Ich zumindest kann von den Kirchensonntagen in den USA nur Positives berichten. Mir gefiel es gut, dass die Kirche so klein war. Hier kannte jeder jeden und es war eine richtige kleine Gemeinschaft. „Church Family" nannte Cindy das immer. Wir waren wirklich wie eine kleine Familie. Alle kümmerten sich um einander und alle hatten ein offenes Ohr für die Sorgen des Anderen.

Meiner Ansicht nach ist es vollkommen in Ordnung, einer Religion anzugehören oder aber Atheist zu sein. Was nicht in Ordnung ist, ist andere Menschen für ihren Glauben zu verurteilen. Egal ob das gläubige Menschen sind, die Atheisten verurteilen oder Atheisten, die gläubige Menschen verurteilen. Das eine ist nicht besser als das andere.

Ich zumindest bereue es nicht im Geringsten, dass ich damals beim Ausfüllen der Unterlagen ein „Ja" zur Kirche angekreuzt hatte.

*"If you reject the food, ignore the customs, fear the religion and avoid the people, you might better stay home."*
*James Michener*

## Pure Thankfulness

In den USA gibt es Feiertage, die in Deutschland überhaupt nicht existieren oder aber sich sehr davon unterscheiden, wie sie in Deutschland gefeiert werden. Es gibt aber auch Feiertage, die sich kaum von denen in Deutschland unterscheiden. Einer dieser „Feiertage" ist Halloween.

Auch in den USA fängt der Vorverkauf an Halloween-Zubehör schon Wochen, teils Monate, vorher an. Während meines Austauschjahres war vor allem Kürbis sehr im Trend. Alles war damals Pumpkin Spice. Pumpkin Spice Candy, Pumpkin Spice Coffee, Pumpkin Spice Chocolate, selbst Pumpkin Spice Cereal. Wenn sie einen Pumpkin Spice Kürbis hätten verkaufen können, hätten sie vermutlich auch das getan.

Amerikanische Kinder gingen am Halloween Abend, wie auch deutsche Kinder, verkleidet von Haus zu Haus und sammelten Süßigkeiten. Das nannte sich dort trick- or- treating, ähnlich wie das deutsche „Süßes oder Saures".

Die Jugendlichen dagegen hatten eher Halloween Partys. Ich ging damals aber mit Scarlett und ihrer jüngeren Schwester zusammen trick- or- treating.

Vorher musste ich mir aber unbedingt noch die Kostüme von Gavin und Waylon anschauen – die beiden waren partnerschaftlich als Farmer verkleidet und sahen einfach so goldig aus! Gavin hatte sogar eine kleine Kuh als Kuscheltier dabei. Ich musste natürlich ein paar Fotos von ihnen machen. Als wir zusammen nach draußen gingen, fing es dann plötzlich an zu schneien. Schon tagelang hatte es gefroren, aber der erste Schnee musste natürlich an Halloween kommen, der einzige Tag im Jahr, an dem man mal für eine längere Zeit draußen war. Gavin und Waylon waren zumindest ganz aufgeregt. Am liebsten hätten sie gleich in diesem Moment ihre Schlitten hervorgeholt. Irgendwann war Gavin dann aber fest davon überzeugt, dass der Schnee seiner Kuh wehtäte. Er wiederholte immer wieder mit nachdrucksvoller Stimme: „The snow is hurting my cow, the snow is hurting my cow!". Waylon und er waren so niedlich.

Als Scarlett und ich dann später mit ihrer Schwester durch das Dorf gingen, erklärte mir Scarlett, dass alle Bewohner, die beim Süßigkeitenverteilen mitmachten, ihre Lichter auf der Veranda anließen. So könne man erkennen, bei wem man klingeln dürfe und bei wem nicht.

Nach einiger Zeit kamen wir dann an einem Haus vorbei, in dem man ganz offensichtlich keine Süßigkeiten verteilte . Das erkannte man zwar offiziell" daran, dass hier alle Lichter ausgeschaltet waren, aber dass der komplette Garten mit Toilettenpapier übersät war, war auch ein klares Indiz dafür.

Ich konnte nicht anders, als mit offenem Mund stehen zu bleiben. Bis zu diesem Moment war ich mir fast zu hundert Prozent sicher gewesen, dass es so etwas nur in Filmen gäbe. Da lag ich wohl eindeutig falsch.

Fassungslos fragte ich Scarlett, ob das an Halloween öfter passieren würde. Nicht nur an Halloween, versicherte sie mir. Sie erklärte mir, dass viele Leute andere Häuser als einen kleinen Racheakt „TPen". Wenn TP (toilet paper) sogar schon als Verb benutzt wurde, konnte das ja wirklich nicht so selten sein. Scarlett meinte aber, man achte gewiss darauf, ob derjenige, den man TPen möchte, auch Spaß verstünde. Ich war mir da jedoch nicht so ganz sicher, ob das helfen würde. Vor allem, wenn es anfing zu regnen oder wie an diesem Tag zu schneien und das Toilettenpapier dadurch aufweichen würde. Nichtsdestotrotz musste ich darüber lachen. TPen konnte ich zumindest meiner Liste von typisch amerikanischen Dingen hinzufügen.

Von einem Tag auf den anderen kam dann immer mehr Schnee und die Temperaturen sanken immer weiter. Howard hatte nicht übertrieben, als er mir sagte, dass es in Michigan an einem Tag noch Sommer sei und am nächsten schon Winter. Hier konnte es im Sommer zwar ziemlich heiß werden, aber im Winter dafür auch umso kälter. Ja, Michigan war wirklich zu Recht der „Mitten State" und das lag definitiv nicht nur an der Form des Staates. Wenn es im Süden Michigans schon so kalt war, wollte ich mir gar nicht ausmalen, wie eisig es erst in der UP (Upper Peninsula), der oberen Halbinsel Michigans sein musste.

Bei so viel Schnee war es nur eine Frage der Zeit, dass wir

auch schulfrei bekamen. Da hatte ich wirklich Glück, dass David bei der Straßenverwaltung angestellt war. Wann immer etwas in unserem Dorf passierte, wusste er zuerst Bescheid. An einem Novembermorgen bekam ich dann, kurz nachdem ich aufgestanden war, eine Nachricht von David. Die Schule fiel aus, weil die Heizungsrohre der Schule vollkommen eingefroren waren. Wie schade! Ich war natürlich überaus enttäuscht, dass ich jetzt nichts anderes tun konnte, als wieder ins Bett zu gehen...

Insgesamt hatten wir trotz der Kälte und dem vielen Schnee aber relativ wenig Schulausfall. Während des gesamten Winters, der sich ungefähr bis März erstreckte, hatten wir acht Tage schulfrei. In den USA war es aber nur erlaubt, dass fünf Mal im gesamten Jahr die Schule ausfiel, alle anderen Tage mussten am Ende des Schuljahres nachgeholt werden. Das bedeutete dann weniger Sommerferien. Vielen Schülern machte das jedoch wenig aus, da die Sommerferien mit etwa drei Monaten ohnehin sehr lang waren. Die anderen Seniors und mich kümmerte das noch viel weniger. Wir hatten nämlich schon drei Wochen vor allen anderen unseren letzten Schultag und das würden auch die acht schulfreien Tage nicht ändern können.

Kaum zu glauben, aber auch bei -5°F (etwa -21 °C) gab es tatsächlich noch Amerikaner, die in T-Shirt und Chucks unterwegs waren! Ich hatte allerhand damit zu tun, Winterschuhe zu finden, die mir warm genug waren, während andere im Winter so ziemlich dasselbe trugen wie im Sommer. Unfassbar. Aber nach einer Weile wurde mir verständlich, wieso das selbst bei den kältesten Temperaturen noch der Fall war. Die meisten verbrachten schlichtweg sehr wenig Zeit im Freien, da machte ihnen der kurze Weg vom Schulbus bis hin zur Schule kaum etwas aus.

Der viele Schnee konnte aber auch ziemlich gefährlich werden. Einmal, als ich mit David einkaufen fuhr, war vor uns plötzlich alles nur noch weiß. Nicht einen einzigen Meter konnte man von der Straße mehr erkennen. Bis heute bin ich froh darüber, dass wir nicht in einen Autounfall verwickelt wurden.

In Michigan wurde der Schnee häufig dem „Lake Effect“ zugeschrieben. Wenn sehr kalte Luft über die großen Seen (zum Beispiel Lake Michigan) wehte, in denen das Wasser vergleichsweise warm war, nahm die kalte Luftmasse von den großen Seen Feuchtigkeit auf und wir bekamen den „Lake Effect Snow“. Es gab Tage, an denen hatten wir so viel Schnee und Eis auf den Straßen, dass wir alle von der Stadtverwaltung die Anweisung erhielten, zu Hause zu bleiben. Selbst Cindy ging dann nicht zur Arbeit. Nur David hatte an solchen Tagen sogar noch mehr zu tun als sonst, da er ja Teil der Stadtverwaltung war. Das bedeutete für ihn dann Überstunden und noch mehr Überstunden.

Für mich waren die eiskalten Temperaturen immer dann am schlimmsten, wenn ich gezwungen war, ohne Jacke rauszugehen. Ständig hatten wir Feueralarmübungen. Während der ersten drei Monate an der *High School* hatten wir ungefähr jede zweite Woche eine solche Übung. Sie waren zwar immer relativ schnell vorüber, aber trotzdem konnte ich danach den ganzen Tag nicht aufhören zu zittern.

Das waren aber nicht die einzigen Sicherheitsübungen an der *High School*. Etwa genauso oft übten wir auch, was wir im Falle eines Amoklaufs zu tun hatten. Die Tür wurde verschlossen und die Schüler begaben sich außerhalb der Sichtweite der Tür (sie hatte immer ein Fenster aus Sicherheitsglas). Die Schüler kauerten sich also alle in die Ecken und auch das Licht wurde ausgeschaltet. Dann kam der Schuldirektor Mr West zu jedem Klassenraum und versuchte die Tür zu öffnen. Das machte immer einen Heidenlärm. Als ich das erste Mal in dem dunkeln Raum mit all den ängstlichen Schülern saß, konnte ich kaum zwischen Übung und Ernstfall unterscheiden. Ich hatte noch nie so große Angst. Eine der jüngeren Schülerinnen bekam sogar eine Panikattacke. Zum Glück konnten wir sie aber beruhigen.

Nach dieser Sicherheitsübung für einen möglichen Amoklauf machte ich mir zum ersten Mal näher Gedanken darüber, warum der Erlass für strengere Waffengesetze in den USA so stark diskutiert wurde. Mir war es nicht entgangen, dass hier wirklich jeder mit nur ein wenig Geld an eine Waffe kommen konnte. Oft sogar auch ganz ohne das Investieren von Zeit oder Geld. Viele Amerikaner fühlten sich nachts nur deswegen sicher, weil sie wussten, dass sie sich im Notfall mit Waffen verteidigen könnten. Mir fiel das Ganze jedoch nicht so leicht. Mich verängstigte der Gedanken, jede Minute am Tag so viele Waffen um mich herum zu haben, auch wenn ich diese nicht immer sehen konnte.

In den USA gilt es als Grundrecht, Waffen zu besitzen und zu tragen. Teilweise kann man sie sogar im Supermarkt erwerben. Für mich stellte sich die Frage, ob die leichte Erreichbarkeit von Waffen wirklich die Sicherheit der Menschen erhöhte oder sie nicht doch möglicherweise verringerte. Aber auch in diesem Fall war ich ja schließlich nicht in die USA gereist, um das Land zu verändern, sondern um es kennenzulernen. Und was ich lernte, war, dass Waffen in den Vereinigten Staaten zum Leben gehören.

Trotzdem sollte man ein Land nicht nur auf seine Liebe zu Waffen reduzieren. Ich ging auch nicht jeden Morgen mit Angst aus dem Haus.

Die *High School* war für mich nie ein gefährlicher Ort. Sie war ein Ort, an dem jeder in die Gemeinschaft eingebunden wurde. Auch nachdem Football Homecoming vorbei war, war der *School Spirit* noch deutlich zu spüren. Hier unterstützte man seine Athleten und Clubmitglieder, auch wenn man nicht selbst daran teilnahm.

Im November gab es bei uns an der *High School* ein Mädchen, das es im Cross Country zu den State Championships geschafft hatte. Wettbewerbe finden in den USA immer zuerst in den Regional Championships statt, dann kommen die District Championships und wenn man die gewann, dann ging man zu den State Championships. Amerikaner nennen das meist nur Regionals, Districts und State.

Bei uns hatte es also ein Mädchen zu State geschafft. Das war für unsere Schule ein riesiger Erfolg. Jedes Mal, wenn jemand zu State ging, gab es eine Parade durch die ganze Schule. Ganz vorne ging natürlich die Person, die die Districts gewonnen hatte, hinter ihr kam die Marching Band (Blaskapelle) und anschließend folgte ihr die ganze Schule nach draußen vor das Schulgebäude. Dort stand eine große Glocke einzig für diesen Anlass. Während meiner Zeit an der *High School* wurde diese Glocke zwei Mal betätigt. Ein paar

Wochen später schaffte es noch ein Wrestler zu State.

Ich war erst seit ein paar Monaten an der *High School* und trotzdem war ich bei jeder Parade total begeistert und stolz auf den Erfolg unserer Schule. Go Rangers!

Am vierten Donnerstag im November wird in den USA Thanksgiving gefeiert. Dafür hatten Cindy und David schon seit längerem vier Truthähne gehalten. Die brachte David dann ein paar Tage vor Thanksgiving zum Schlachter. Den größten der vier Truthähne wollten wir selbst an Thanksgiving zubereiten und die anderen wurden verschenkt.

Thanksgiving bedeutet für Amerikaner eine Zeit, die für die Familie bestimmt ist. Häufig nehmen sie zu Thanksgiving weite Strecken auf sich, um bei ihren Lieben zu sein und das Fest mit ihnen gemeinsam feiern zu können. Außerdem ist jeder dankbar für das, was er hat. Deswegen ist es auch eine Zeit des Gebens. Viele Amerikaner wollen zu Thanksgiving etwas für ihre Gemeinschaft tun und leisten zum Beispiel freiwillige soziale Arbeit. Anders als das deutsche Erntedankfest zählt Thanksgiving in den USA zu den gesetzlichen Feiertagen. In jedem Fall hat es in den Vereinigten Staaten einen sehr viel höheren Stellenwert als zum Beispiel „Erntedank“ bei uns in Deutschland.

Thanksgiving bedeutet aber auch noch etwas anderes – ein großes Festessen. Unser Thanksgiving Abendessen wurde schon seit morgens in der Früh vorbereitet, Teile davon sogar Tage im Voraus. Es gab, wie sollte es auch anders sein, gefüllten Truthahn, aber auch Hähnchen, Süß- und Bratkartoffeln, Cranberry Soße, Gemüse, Mac n' Cheese und noch viele weitere Beilagen. Als Dessert gab es dann alle erdenklichen Süßspeisen wie Kuchen, Pie, Pudding und Kekse. Da man so viel gar nicht auf einmal essen konnte, fand das Ganze in mehreren Etappen statt. Man schlug sich einmal kräftig den Bauch voll, dann wartete man etwa eine Stunde und schon ging es wieder los. Sehr pfiffig, die Amerikaner. Schließlich wollte man ja auch von allen Speisen etwas probieren.

Nach Thanksgiving hatte dann zumindest jeder ein paar Kilogramm mehr auf der Waage. Als ich damals in die USA reiste, war ich fest davon überzeugt, dass ich hier zunehmen würde. Davor hatten mich vorher schon etliche ehemalige Austauschschüler gewarnt. Erstaunlicherweise hatte ich bis dahin aber eher abgenommen, was vermutlich an dem vielen Sport lag. Ich wusste jedenfalls, dass ich das Gewicht schnell wieder verlieren würde, sobald das Basketball Training wieder anfing.

Der Tag nach Thanksgiving ist in den Vereinigten Staaten der Black Friday. Das ist der inoffizielle Start in die Vorweihnachtszeit und damit auch in das Geschenkekaufen. Am Black Friday gab es in allen möglichen Geschäften bis zu 60% Rabatt, teilweise sogar 70%. Dadurch kam es natürlich jedes Jahr, wie es kommen musste. Die Menschen verhielten sich wie die Wahnsinnigen. Es wurde gerannt und gedrängelt, was das Zeug hielt, um sich die besten Schnäppchen zu sichern. Noch nie hatte ich Amerikaner bis dahin so unhöflich erlebt. Es waren natürlich nicht alle so, es gab auch einige, die sich weiterhin vernünftig verhalten konnten.

Cindy und ich konnten uns die Schnäppchen in einigen unserer Lieblingsläden auch nicht entgehen lassen. Als wir dort ankamen, waren die meisten Sachen jedoch schon vergriffen. Dabei hatten wir uns den Tag zuvor extra sorgfältig überlegt, in welche Läden wir gehen und was wir kaufen würden, damit wir uns nirgends länger als absolut notwendig aufhielten und unsere Chancen verbessern würden. Anscheinend hatten die anderen Käufer bessere Taktiken, die viel mit dem Gebrauch ihrer Ellenbogen zu tun hatten. Trotzdem würde ich mich jedes Jahr wieder in dieses Einkaufschaos begeben. Black Friday Shopping kann zwar anstrengend sein, aber auch sehr viel Spaß machen.

Das sonst so ruhige Haus von Cindy und David war ab Ende November plötzlich so laut und belebt wie noch nie zuvor. Das lag daran, dass nicht nur Cindys und Davids Sohn Thomas für einen Monat wieder hier eingezogen war, sondern mit ihm auch seine Frau und ihre zwei Kinder.

Thomas lebte bis zu diesem Zeitpunkt mit seiner Familie in Tennessee. Jetzt hatte er aber in Michigan einen guten Job gefunden und wollte wieder hierher zurückziehen. Besonders Cindy war sehr froh darüber, ihren Sohn wieder näher bei sich zu haben.

Erst einmal stand aber noch der Umzug von Tennessee nach Michigan an. Und wer hat natürlich gleich alles stehen und liegen lassen, um Thomas zu helfen? Genau, David. Ich glaube, er sah das auch als eine gute Chance, mir ein bisschen mehr von den USA zu zeigen. Da ich ohnehin schulfrei hatte, war es eine beschlossene Sache. David und ich fuhren mit seinem Pick Up Truck durch Indiana und Kentucky nach Tennessee, um Thomas abzuholen. Da wir im südlichen Teil Michigans lebten, war ich schon etliche

Mal zum Einkaufen in Indiana gewesen. Das war für mich also keine große Besonderheit mehr. Mit Kentucky sah das aber schon anders aus.

„Welcome to Kentucky – Birthplace of Abraham Lincoln" heißt es auf dem Willkommensschild, das die Landesgrenze zu Kentucky deutlich macht. Als erstes fiel mir auf, dass hier gefühlt die Hälfte der Städte auf „ville" endeten. Louisville, Greenville, Brownsville, Scottsville.

Das war natürlich noch nicht alles. Obwohl ich die meiste Zeit im Auto verbrachte, war ich fasziniert von der ländlichen Idylle Kentuckys. Selbst der Freeway führt hier durch Berge und Wälder. Es sah aus, als sei der Freeway eins mit der Natur.

In Tennessee angekommen machte David dann noch einen kleinen Umweg, um mir Nashville zu zeigen. Nashville ist die „Music City" der USA, hier dreht sich alles um Country Musik. Zahlreiche Plattenfirmen haben in Nashville ihren Sitz und auch die Country Music Hall of Fame lockt jährlich tausende Country Fans nach Nashville.

Mitten am Tag kam mir Nashville jedoch seltsam ruhig vor. Die Musik Clubs mit Live Musik erwachten erst nachts richtig zum Leben. Trotzdem sah man der Stadt an, dass sie der Mittelpunkt der amerikanischen Musikgeschichte ist. Nachdem ich ein paar Souvenirs gekauft hatte, konnte es dann aber auch weitergehen. Wir hatten immerhin noch einiges vor uns. David wollte nämlich die ganze Strecke nach Tennessee und zurück nach Michigan schaffen, ohne irgendwo zu übernachten. Mir machte das nichts aus, ich konnte ja im Auto schlafen, aber mit David hatte ich schon ein wenig Mitleid.

Nach mehr als sieben Stunden Autofahrt waren wir dann schließlich in dem kleinen Ort in Tennessee, in dem Thomas lebte, angekommen. Das war nun das erste Mal, dass ich auf Thomas treffen würde. Als David und ich draußen am Auto auf ihn warteten, war ich schon ein wenig nervös. Nach ein paar Minuten gesellte er sich dann zu uns, als würde er jeden Tag von einem Bundesstaat in einen anderen umziehen. Mich beachtete er zunächst gar nicht, bis David dann ihn dann mit einem „That´s Jeannette, by the way" auf mich aufmerksam machte.

Im ersten Moment war ich schon etwas verwirrt und verunsichert, dass er so wenig Interesse zeigte. Mittlerweile glaube ich, dass das einfach seine lockere und gelassene Art war. Sein erster Kommentar war dann: „Man, why did you have to get an exchange student who's almost as tall as I am?" Ich war tatsächlich fast so groß wie er. Danach war es jedenfalls so, als kannten wir uns schon ewig, auch wenn wir kaum etwas voneinander wussten. Das Gute daran war, dass ich nicht zum tausendsten Mal die typischen Kennlernfragen beantworten musste. Ja, Thomas wurde mir von Minute zu Minute sympathischer.

Nachdem wir, weitere zehn Stunden später, endlich wieder zuhause waren, gingen David und Thomas erst einmal schlafen. Ich nutzte die Zeit, um Cindy die Bilder zu zeigen, die ich in Kentucky und Tennessee gemacht hatte. Ich war Cindy und David sehr dankbar dafür, dass ich die Möglichkeit bekommen hatte, noch mehr von den USA zu sehen, auch wenn es hauptsächlich aus einem Autofenster heraus war.

Kurze Zeit später lernte ich dann Thomas' Frau Olivia und seine (wenn auch nicht biologischen) Kinder Ethan (sieben

Jahre alt) und Madison (fünf Jahre alt) kennen. Die Kinder waren, genau wie ihre Mutter, sehr, sehr lebhaft. Sie redeten gerne und viel. Das Haus war mit den vier vorübergehenden Gästen jedenfalls ziemlich voll.

Vor allem David war nach einer Weile ein klein wenig genervt, da er, wenn er abends von der Arbeit kam, ganz gerne seine Ruhe gehabt hätte. Eines Abends war Madison besonders gut gelaunt. Sie rannte mit einem selbstgemalten Bild, auf das ihr Bruder ein paar Worte geschrieben hatte, zu David und fragte ihn begeistert, was auf dem Bild geschrieben stünde. David sah sich das Bild an, richtete seinen Blick auf Madison und sagte dann mit gespielt freundlicher Stimme: „You're stupid". Das war natürlich nicht das, was ihr Bruder auf das Bild geschrieben hatte. Madison schien aber genau das zu glauben. Fröhlich lief sie durch das Haus und rief dabei immer wieder: „I'm stupid, I'm stupid!" Es war zum Totlachen. David hatte danach zumindest wieder bessere Laune.

Nach etwa einem Monat wurde es dann aber wieder ruhiger im Haus. Thomas und Olivia hatten in der Nähe ein eigenes Heim gefunden, das ihnen gut gefiel und in das sie sofort einziehen konnten.

Das verlängerte Thanksgiving Wochenende war zwar nicht sonderlich erholsam, aber trotzdem tat es gut, mal wieder mehr als nur zwei Tage am Stück frei zu haben. Herbstferien gibt es in den USA nämlich nicht.

In einer Hinsicht war das verlängerte Wochenende jedoch wenig hilfreich. Obwohl es nur vier Tage ohne Basketball Training gewesen waren, hatte ich doch einiges an Kondition abgebaut. Die Coaches hatten uns immer gesagt, dass man für einen Tag ohne Training drei Tage bräuchte, um wieder auf denselben Stand zu kommen. Deshalb hatten wir auch nur einen einzigen Tag in der Woche frei. Bis dahin dachte ich immer, sie würden ein wenig übertreiben. Nach Thanksgiving stellte sich für mich aber heraus, dass sie damit definitiv Recht hatten.

Umso schlimmer war es dann, als ich auch noch krank wurde. Fast zwei Wochen war für mich wegen eines Magendarminfekts an Basketball Training nicht zu denken. Als ich dann endlich wieder anfing, war ich so schlecht in Form wie schon lange nicht mehr. Ich gab mir zwar große Mühe, mich schnellstmöglich zu verbessern, aber dennoch ging das nicht von einem Tag auf den anderen.

Am schlimmsten war dabei, dass das ganze Team darunter zu leiden hatte. Jedes Mal, wenn wir die Halle hoch und runter sprinten mussten, stoppte der Coach die Zeit. Wenn wir es nicht in einer bestimmten Zeit schafften, mussten wir wieder sprinten. So lange, bis wir die Zeitangaben erfüllten. Dank meines Trainingsausfalls war ich nun immer ein paar Sekunden langsamer als die anderen Mädchen. Wegen mir musste dann also das ganze Team immer wieder laufen. Zum Glück hatte der Trainer nach einer Weile Mitleid mit uns. Er wusste, dass ich mir alle Mühe gab, wieder auf meinen alten Stand zu kommen. Aber genau aus diesem Grund musste er mich auch immer wieder laufen lassen. Um ehrlich zu sein, war ich auch froh darüber. Das zeigte mir, dass er mich als wertvolles Mitglied des Teams ansah und er sich für mich einsetzte. Der Coach sagte immer zu uns, Sorgen machen müssten wir uns erst dann, wenn er uns nicht mehr kritisierte, uns nicht mehr weiter forderte. Dann hätte er nämlich die Hoffnung in uns verloren. Ich finde, in dieser Aussage steckt viel Wahrheit.

Anders als der Volleyball Coach ließ mich der Basketball Coach auch bei jedem Spiel, das wir gegen eine andere Schule spielten, aufs Feld. An der *High School* Basketball zu spielen, machte mir mehr Spaß als vorher Volleyball, auch wenn ich mich mit den Mädchen in beiden Teams immer gut verstanden hatte.

Nur die Sportart selbst gehörte nicht unbedingt zu meinen absoluten Lieblingen. Dafür ging es mir auf dem Feld zu aggressiv zu. Basketball ist und bleibt nun mal eine Kontaktsportart. Bei einem Spiel wurde ich sogar so stark von einer gegnerischen Spielerin blutig gekratzt, dass ich winzig kleine Narben auf meinem Handrücken davontrug. Ab jetzt hatte ich immer etwas, das mich an meine Zeit in den USA erinnern würde. Und dafür musste ich mich noch nicht mal tätowieren lassen.

Am Ende der Basketball Saison hatte ich dann meine zweite Senior Night. Wieder wurde ich von Cindy und David feierlich vor das Publikum begleitet und wieder bekamen wir kleine Präsenttüten. Nur war ich dieses Mal noch etwas enttäuschter, dass die Basketball Saison so schnell vorbei war. Ich mochte die Coaches, sowohl die von unserem JV Team als auch die des Varsity Teams, mit denen wir oft zusammen trainiert hatten. Außerdem hatte ich dort eine gute Freundin kennengelernt, die im Varsity Basketball Team war. Ihr Name ist Amanda und sie war mir während der Basketball Saison sehr ans Herz gewachsen. Ich wusste zwar, dass wir uns in der Schule weiterhin sehen würden, aber das Training mit ihr würde ich trotzdem sehr vermissen.

Ein paar Tage später ging es dann schon mit Basketball Homecoming weiter. Das war für mich die erste Gelegenheit, Scarlett beim Cheerleading zuzusehen. Die Jahre zuvor hatte sie auch immer für das Football Team gecheert, aber dieses Jahr hatte sie die Tryouts verpasst. Ich war es gar nicht gewohnt, Scarlett so aus sich herauskommen zu sehen. Normalerweise war sie eher zurückhaltend. Aber man sah ihr an, dass ihr das Cheerleading Spaß machte.

Auch für Basketball Homecoming wurden wieder Homecoming Princesses und Princes gewählt, dieses Mal nur jeweils eine Princess und einen Prince aus jedem Jahrgang. Auch eine Homecoming Queen wurde wieder gewählt und bei diesem Basketball Homecoming sogar auch ein Homecoming King. Aber es kam noch etwas Neues hinzu. Die anderen Austauschschülerinnen und ich würden zusammen mit den gewählten Homecoming Princesses vor der Schule auftreten. Als mir Mrs Wilkinson davon erzählte, rutschte mir das Herz beinahe in die Hose. Ich war mehr als aufgeregt. Ich wusste ja nicht einmal, was ich dazu anziehen sollte.

Vorher musste ich mich aber um die Outfits für die Dress Up Days kümmern. Abgesehen von dem Ranger Spirit Day am Ende der Woche, hatten wir dieses Mal auch einen „Merica" Monday, einen Beach Day, einen Red Carpet Day und eine Class Color Day.

Für den „Merica" Monday fand ich am schnellsten etwas. Ich hatte mir bei Walmart und in anderen Geschäften schon etliche Amerika T-Shirts gekauft und musste mir davon nur eines aussuchen. Am Beach Day trug ich eine 7/8- Jeans, ein einfaches weißes T-shirt, eine Blumenkette und hatte ein Strandtuch dabei. Am Ranger Spirit Day trug ich wieder meinen blauen Hoodie, den ich von meiner Busfahrerin bekommen hatte.

Nur für die anderen beiden Tage wurde es etwas kniffliger. Dafür ging ich mit Cindy und Whitney einkaufen. Nach knapp einer Stunde wurde ich auch schon fündig. Für den Red Carpet Day wollte ich ein Blumenkleid kaufen und für den Class Color Day ein goldenes Kleid, denn das war die Farbe der Seniors.

Ich hatte ziemliches Glück, Whitney dabei zu haben, denn sie handelte für mich den Preis nach unten. Die Verkäuferin war aber auch sehr interessiert, als wir ihr erzählten, dass ich eine Austauschschülerin sei. Letztendlich bekam ich 30% Rabatt „weil Whitney Rot trug", das sei die Lieblingsfarbe der Verkäuferin. Wir versicherten ihr, dass wir wieder kommen und beim nächsten Besuch in ihrem Geschäft alle Rot tragen würden.

Als ich in der Schule also mein Blümchenkleid anhatte, wollte mich Mrs Wilkinson unbedingt davon überzeugen, dass ich dieses Kleid auch zu Homecoming anziehen müsse. Am Tag darauf, als ich in dem goldenen Kleid zur Schule kam, war sie dann aber hin und her gerissen zwischen den beiden Kleidern. Jedenfalls wusste ich jetzt, was ich zu Homecoming anziehen würde, ich hatte mich für das Blümchenkleid entschieden.

Als es dann endlich soweit war und Basketball Homecoming bevorstand, konnte ich kaum reden vor Aufregung. Da half es mir auch nicht sonderlich weiter, dass ich zwischen den anderen drei Austauschschülern sichtlich hervorstand. Ich war nicht nur die einzige, die ein Kleid trug, darüber hinaus hatten die anderen sich bei der Auswahl ihrer Bekleidung ganz offensichtlich abgesprochen. Jede von ihnen trug schwarze Schuhe, eine schwarze Hose und ein weißes langärmliges Oberteil. Es war nicht schwer zu erkennen, dass ich nicht zu ihnen gehörte.

Zusammen mit den Homecoming Princesses warteten wir nun darauf, dass wir aufgerufen wurden. Die Mädchen hatten alle wieder wunderschöne Kleider an.

Schließlich war auch ich an der Reihe und machte mich mit wackeligen Beinen auf meinen Weg vor das Publikum. Bisher war es ziemlich still in der Turnhalle gewesen, selbst bei dem Applaus für die Homecoming Princesses und Princes und für die anderen Austauschschülerinnen.

Plötzlich fingen in einer Ecke der Turnhalle dann aber alle wie wild an, meinen Namen zu rufen. „You're amazing, Jeannette", „We love you, Jeannette", „You're beautiful, Jeannette". Alle meine Freunde wollten damit der ganzen Schule zeigen, wie sehr sie mich mochten. Das war kaum zu überhören. Unter ihnen waren auch Scarlett, Howard, Katie und Amanda, aber auch einige andere Schüler, mit denen ich mich sehr gut verstand. In diesem Moment beschloss ich, dass es völlig in Ordnung war, nicht zu den anderen Austauschschülern zu gehören. Stattdessen gehörte ich einer Gruppe von amerikanischen Seniors an. Für mich gab es nichts Schöneres.

*"Travel is the only thing you buy that makes you richer"*
*Anonymous*

## Not by blood, but by heart

Die Vorweihnachtszeiten in Deutschland und den USA sind sich so ähnlich und doch so verschieden.

Schnell fiel mir auf, dass viele Amerikaner mehr Wert darauf legten, ihr Haus von außen auf Weihnachten einzustimmen als von innen. Der Garten und alles rund um das Haus werden oft reichlich dekoriert, nicht selten findet man auch einen Weihnachtsmann auf dem Dach. Im Haus selbst verwendet man dann eher weniger Weihnachtsdekoration. Es gibt natürlich auch Amerikaner, die ihr Heim weder von innen noch von außen dekorieren. Und dann gibt es wieder solche, die sich schon seit dem Sommer auf Weihnachten freuen und aus diesem Grund sowohl ihren Garten als auch ihre Häuser dekorieren, als gäbe es kein Morgen.

Cindy und David gehörten zu keinem dieser beiden Extreme. Nach Thanksgiving holte Cindy zwar ein paar Weihnachtsmänner und christliche Weihnachtsdekoration hervor, aber nicht annähernd so viel, dass das ganze Haus damit voll stünde.

Was ich in der amerikanischen Vorweihnachtszeit jedoch vermisst habe, waren die Weihnachtsmärkte. In meiner Heimat in Deutschland gibt es einen der schönsten und beliebtesten Weihnachtsmärkte überhaupt. Mich verwunderte es schon ein wenig, dass Amerikaner so etwas nicht kannten, obwohl sie doch solche Meister im Feiern sind.

Auch Adventskalender zählen nicht zur amerikanischen Weihnachtstradition. Cindy und David wussten zwar, was Adventskalender sind, aber keiner von ihnen erweckte den Anschein, sich wirklich dafür zu interessieren.

Auf meinen Adventskalender musste ich dieses Jahr trotzdem nicht verzichten. Wie jedes Jahr zuvor hatte meine Mutter es sich nicht nehmen lassen, mir einen kleinen Kalender zu basteln, selbst, wenn sie ihn dieses Mal um die halbe Welt schicken musste. Pünktlich zum ersten Dezember hatte ich plötzlich ein Paket aus Deutschland im Briefkasten, voll mit 24 kleinen Tütchen.

Obwohl ich unglaublich glücklich über diese liebevolle Geste meiner Mutter war, bekam ich auch einen Anflug von Heimweh. Besonders zur Weihnachtszeit fiel es mir sehr schwer, von meiner Familie getrennt zu sein. Ich habe zwar zur keinem Zeitpunkt darüber nachgedacht, mein Austauschjahr abzubrechen, aber es sind dennoch einige Tränen geflossen. Heimweh gehört zu einem Austauschjahr dazu. Sicher ist aber, dass auch dieses Tief vorbei geht.

Die Mall war zur Vorweihnachtszeit noch beliebter, als sie es sonst schon gewesen war. Hier ging man aber nicht nur hin, um Geschenke zu kaufen. Viele Eltern besuchten hier mit ihren Kindern den Weihnachtsmann. Die Kinder konnten dann ihre Wunschzettel abgeben, damit diese auch rechtzeitig am Nordpol ankamen, und die Eltern hatten danach ein paar schöne Erinnerungsfotos. Außer natürlich, wenn die Kinder Angst vor Santa Claus hatten, dann fiel der Besuch beim Weihnachtsmann und seinen Elfen relativ kurz aus.

Auch bei Walmart konnte man zu Weihnachten super gut einkaufen gehen. Hier traf ich dann schließlich auch noch auf Santa Claus. Bei Walmart stand nämlich eine riesige, mindestens sieben bis acht Meter hohe Weihnachtsmannfigur. Sie war wirklich riesengroß. Ich musste natürlich ein Foto davon machen! Aus irgendeinem Grund hing daneben aber ein Schild, das das Fotografieren des Weihnachtsmanns verbot. Ist natürlich klar, was das bedeutete - Ich musste heimlich ein Bild davon machen. Das ist vermutlich das einzig Illegale, was ich je in meinem Leben getan habe. Ich habe in den USA einen acht Meter großen Weihnachtsmann fotografiert. Skandalös!

Den Nikolaus kennen die Kinder in den USA jedoch nicht. Hier stellt niemand am Abend vor dem 6. Dezember seine geputzten Schuhe nach draußen.

Trotzdem verbrachte man auch hier viel Zeit mit der Familie. Es wurde gemeinsam gebacken, mit den Kindern spielte man Spiele und schaute sich gemeinsam Weihnachtsfilme an.

Genau wie zu Thanksgiving dachte man aber auch an diejenigen, die die Zeit nicht so sehr genießen konnten. Im Dezember fand deswegen immer ein Projekt namens Toys For Tots statt. Hierbei wurden allerhand Spielzeuge für

Babys und Kinder in allen Altersgruppen, sowohl für Jungen als auch für Mädchen, gespendet und dann von den Organisatoren in einer großen Halle gesammelt. Am Tag vor Heilig Abend konnten dann alle Eltern, die es sich nicht leisten konnten, Spielzeuge für ihre Kinder zu kaufen, zu dem Toys For Tots Gebäude kommen und für ihre Kinder Geschenke abholen, die sie sogar selbst aussuchen durften. Unter einer großen Auswahl konnten sie sich pro Kind für drei kleine, zwei mittelgroße und ein großes Geschenk entscheiden. Kinder mussten hier natürlich draußen bleiben.

Damit sollte gewährleistet werden, dass jedes Kind in den USA ein schönes Weihnachtsfest haben könne, unabhängig von der finanziellen Situation der Eltern. Das zauberte dann nicht nur den Kindern ein Lächeln ins Gesicht, sondern der ganzen Familie. Zu Weihnachten wollen schließlich alle Eltern die Wünsche ihrer Kinder erfüllen.

Als ich Weihnachten in den USA feierte, durfte auch ich als freiwilliger Helfer bei Toys For Tots ein Teil der Magie werden. Ich sah, wie sehr sich die Eltern freuten, Geschenke für ihre Kinder aussuchen zu können. Aber auch, wie schwer es manchen fiel, die Hilfe überhaupt erst in Anspruch zu nehmen. Anderen fiel es wiederum einfach nur schwer, sich für die besten Geschenke zu entscheiden.

Jeder, der hier her kam, wurde von einem freiwilligen Helfer bei der Auswahl begleitet, damit alles strukturiert ablief. Normalerweise sollte ein Rundgang etwa fünfzehn bis zwanzig Minuten dauern, damit auch die anderen Eltern nicht so lange warten müssten, bis sie an der Reihe waren. Bei den meisten Eltern funktionierte es wunderbar, in diesem Zeitlimit zu bleiben. Ich hielt in diesem Jahr aber auch den Rekord für den längsten Rundgang. Eine Frau konnte sich bei der großen Auswahl der Geschenke einfach nicht entscheiden. Zweieinhalb Stunden später war sie dann endlich fertig.

Kurz vor den Weihnachtsferien kam plötzlich Scarlett ganz aufgeregt zu mir und verkündete: „We're gonna have a Winter Dance this year!". Ganz kurzfristig hatten die Lehrer entschieden, doch noch einen Winter Dance zu organisieren. Das konnte ich mir natürlich nicht entgehen lassen. Gemeinsam mit Scarlett und Howard sah ich mir an, was dieses amerikanische Highlight wirklich zu bieten hatte.

Der Winter Dance sollte in der Cafeteria unserer Schule stattfinden und trug passenderweise den Namen „Snowball". Dieses Jahr hatten wir nämlich zum Glück auch weiße Weihnachten. Obwohl es hier im Winter so viel Schnee gab, war es nicht immer sicher, dass der auch bis Weihnachten bleiben würde. Schließlich waren wir in Michigan, dem Staat in dem das Wetter verrückt spielte.

Passend zu unserem Snowball Motto fanden wir die Cafeteria mit Schneeflocken dekoriert vor. Die Tische waren natürlich zur Seite geschoben worden, um Platz für eine Tanzfläche zu schaffen. Auch kleine Snacks standen zur Auswahl und man konnte Musikwünsche abgeben.

Als Scarlett, Howard und ich das Dämmerlicht der Cafeteria betraten, wurden wir sofort herzlich von Mrs Wilkinson begrüßt. Die Mädchen bekamen natürlich Komplimente für ihre Kleider. Mrs Wilkinson war begeistert, dass ich als einzige Austauschschülerin zum Ball erschienen war, obwohl dieser so kurzfristig angesagt worden war. Es waren tatsächlich sehr wenige Schüler zu unserem „Snowball“ gekommen. Die meisten von ihnen kannte ich und die anderen lernte ich an diesem Abend kennen. Die geringe Gästeanzahl schadete dem Winter Dance aber in keiner Weise. Alles wirkte dadurch vertrauter und persönlicher. Jeder tanzte mit jedem.

Bei solch einer Atmosphäre blieb es auch nicht aus, dass es mal romantischer wurde. Ich hatte an diesem Abend meinen ersten Slow Dance. Hier und da sah man Pärchen eng umschlungen.

Die Liebe. Sie ist bei jedem YFU Seminar das wohl am meisten diskutierte Thema, nicht nur zwischen den einzelnen Austauschschülern, sondern auch zwischen den Austauschschülern und den Organisatoren. Die Organisatoren waren, anders als bei meiner Vorbereitungstagung, keine ehemaligen Austauschschüler, sondern ehrenamtliche Helfer. Das heißt aber nicht, dass sie sich nicht in uns hineinversetzen konnten. Alle von ihnen waren selbst schon mehrere Jahre eine Gastfamilie gewesen und konnten uns und unsere Situation deshalb ziemlich gut verstehen. Auch wenn man nicht immer gerne hörte, was die freiwilligen Helfer einem zu erzählen hatten. Vor allem dann nicht, wenn es um die wunderbare Liebe ging.

Sich während seines Austauschjahres zu verlieben, ist eine heikle Angelegenheit. Zunächst einmal wäre da das offensichtliche Problem, dass man nach einem Jahr wieder voneinander getrennt wird. Manche Paare versuchen es dann mit einer Fernbeziehung, andere, die sich eine solche Beziehung nicht zutrauen, trennen sich voneinander. Es besteht immer die Gefahr, dass einem am Ende des Jahres das Herz gebrochen wird.

Vor dieser Gefahr versuchten uns die freiwilligen Helfer zu warnen. Außerdem wollten sie uns erklären, dass man sich deutlich weniger auf seine Gastfamilie konzentrierte, wenn man hier einen Freund oder eine Freundin hätte. Oft wurde dann kein besonders inniges Verhältnis zur amerikanischen Familie aufgebaut. Nach dem Austauschjahr würde man das dann meist bereuen.

Ich glaube, sie hatten damit definitiv nicht Unrecht. Ich wollte nicht, dass mein gutes Verhältnis zu Cindy und David einer Liebesbeziehung hintenanstehen musste. Aber ich konnte auch die Austauschschüler verstehen, die sich hier verliebt hatten und das nicht einfach ignorieren konnten.

Ich habe während meines Austauschjahres keine Beziehung geführt. Warum nicht? Das kann ich selbst nicht genau sagen. Möglicherweise hatten mich die freiwilligen Helfer von YFU überzeugt und ich wollte nicht den Erfolg meines Austauschjahres aufs Spiel setzen. Möglicherweise hatte ich einfach zu viel Angst davor, dass mir das Herz gebrochen wird und ich mich immer, wenn ich an dieses Jahr zurückdenken würde, nur daran erinnern würde. Möglicherweise lag es aber auch schlichtweg daran, dass ich meine große Liebe noch nicht gefunden hatte.

Wenige Tage vor Weihnachten verkündete Cindy mir, dass es nun endlich Zeit wurde, den Weihnachtsbaum aufzubauen. Awesome, dachte ich mir. Ich liebe den Geruch der Tannennadeln, der sich im ganzen Haus verteilen würde. Ich war schon fast dabei, mir die Schuhe anzuziehen, um den Tannenbaum kaufen zu gehen, da kam Cindy mit einem großen Paket um die Ecke. Weihnachtsbäume werden hier nämlich oftmals wiederverwertet. Natürlich kein echter Baum. Ein Weihnachtsbaum aus Plastik. Das hatte ich bis dato noch nie gesehen. Der Baum hatte jedoch auch sein Gutes: er machte viel weniger Arbeit und viel weniger Dreck. So blieb mehr Zeit, ihn hübsch zu dekorieren.

Der Tag vor Weihnachten war in den USA nicht etwa der 23. Dezember, sondern der 24. Dezember. Heiligabend wird hier zwar durchaus anerkannt, er spielt aber keine so große Rolle. Cindy, David und ich gingen am Heilig Abend jedoch zur Kirche. Dieser Gottesdienst gefiel mir besonders gut. Alles sah so wunderbar festlich aus und wir zündeten Kerzen an. Als wir dann noch mit unserer ganzen „Church Family" im Kreis standen, bekam ich eine richtige Gänsehaut.

Wenn man Amerikaner fragen würde, ob sie Morgenmenschen seien, würden vermutlich fast alle mit: „Nur am 25. Dezember" antworten. Um genauer zu sein, habe ich das sogar einige Amerikaner sagen hören. Am Morgen des 25. Dezembers gibt es in den USA nämlich die Bescherung. Aus gegebenem Anlass findet das meist im Pyjama statt. Das war wohl der kuscheligste Weihnachtstag, den ich je hatte. Als ich mit Cindy und David um den Weihnachtsbaum saß und wir unsere Geschenke verteilten, konnte ich nicht anders, als zu bemerken, wie sehr ich doch in den USA schon zu Hause war. Es fühlte sich alles familiär an. Und das hatte ich Cindy und David zu verdanken. Ich wurde plötzlich so von Dankbarkeit durchströmt, dass ich richtig Bauchkribbeln hatte.

Ich als Austauschschülerin bei Cindy und David, das war wirklich ein perfect fit. Ich glaube, das war Schicksal. Es kann kein Zufall gewesen sein, dass ich so perfekt in diese Familie passte. Wir waren uns im Charakter alle so ähnlich, als würde ich auch biologisch zu dieser Familie gehören. Innerlich war ich jedenfalls ein Teil von ihnen, so viel stand fest. Ich gehörte jetzt zur Familie, zu meiner unglaublich tollen und wundervollen amerikanischen Familie. Not by blood, but by heart.

*"We travel, some of us forever, to seek other states,*
*other lives, other souls."*

*Anais Nin*

## Upper Peninsula

Wenn ich einen Festtag auswählen müsste, der fast überall auf der Welt auf ähnliche Art und Weise gefeiert wird, dann würde ich mich für Silvester entscheiden.

Der New Years Eve bedeutet in den USA so ziemlich dasselbe wie auch in Deutschland. Jede Menge Raketen und Feuerwerke, Sekt und Silvesterpartys. Die Amerikaner schauen dann abends immer „The Ball Drop", das ist das amerikanische Äquivalent von unserem Dinner For One, nur noch sehr viel bekannter. Es handelt sich dabei um einen Zeitball am New York Times Square, der seit 1907 jedes Jahr an Silvester herabgelassen wird. Das zählt zu einer der wichtigsten amerikanischen New Years Eve Traditionen.

Genau wie in Deutschland setzen sich viele Amerikaner Neujahrsvorsätze und genau wie in Deutschland werden diese im Durchschnitt eine Woche durchgehalten. Dieses Jahr gab es für mich aber auch keinen Grund für Neujahrsvorsätze. Ich war überaus zufrieden, als ich auf das vergangene Jahr zurückblickte.

Bevor nach Weihnachten wieder die Schule anfing, hatten Cindy und David noch etwas ganz Besonderes mit mir geplant. Sie wollten mir unbedingt mal Michigans obere Halbinsel, die Upper Peninsula, zeigen. Die wird nämlich meistens vergessen, wenn man an Michigan denkt.

Das beliebteste Reiseziel im Norden Michigans ist Mackinac Island, und genau dort wollten wir hin. Zusammen mit zwei Freunden von Cindy und David, Brandon und Terra, hatten wir im Touristenort Mackinaw City für zwei Nächte ein Hotelzimmer gebucht. Bis zu diesem Ausflug nach Mackinaw hatte ich noch nicht sehr viel Zeit mit Brandon und Terra verbracht. Ich freute mich sehr, dass wir mit ihnen zusammen fuhren, denn sie waren immer für einen Spaß zu haben, vor allem, wenn er gegen David ging. David und ich ärgerten uns ständig gegenseitig, aber auf eine liebevolle Art und Weise.

Das erste, was wir in Mackinaw City machten, war, uns die Mackinac Bridge ansehen. Das ist eine acht Kilometer lange Hängebrücke, die Mackinaw City auf der unteren Halbinsel mit St. Ignace auf der oberen Halbinsel verbindet. Die Brücke gehört zu den bedeutendsten Sehenswürdigkeiten in Michigan.

Am besten ist die Brücke zu sehen, wenn man sich zu einem der Leuchttürme des Lake Michigan (westlich der Brücke) oder Lake Huron (östlich der Brücke) begibt. Dabei muss man nur eines beachten: warm, sehr, sehr warm, anziehen! Glücklicherweise hatte Cindy mir noch eine ihrer Winterjacken geliehen, sonst wäre ich vermutlich erfroren. Auf dem Weg vom Leuchtturm zurück in die Stadt wanderte Cindy dann plötzlich über den gefrorenen Lake Huron, als hätte sie in ihrem Leben noch nie etwas anderes getan. David und ich folgten ihr da schon etwas zögerlicher. Wir würden zwar gewiss nicht im Eis einbrechen, aber das Eis brach nach oben! Aufgrund der starken Wellenbewegungen unter dem gefrorenen Eis kam es immer wieder vor, dass das Eis nach oben hin durchbrach. Das war auch an zahlreichen Eisgletschern auf den Great Lakes zu erkennen. Spätestens als wir das Eis unter unseren Füßen knacken hörten, ob das nun Einbildung war oder nicht, beschlossen David und ich, doch lieber den sicheren Weg zurück zu nehmen.

Noch beliebter als die Mackinac Bridge ist nur noch Mackinac Island. Im Winter konnten Touristen die Insel leider nicht besuchen. Das taten wir dafür ein halbes Jahr später im Sommer, bei unserem zweiten Besuch in Mackinaw.

Aber auch ohne Mackinac Island gab es hier eine Menge zu entdecken. Wir kamen sogar an einer Schneekunst Ausstellung vorbei. Viele Eisfiguren waren aus dem Film „Frozen" (im Deutschen heißt er „Die Eiskönigin"). Komischer Zufall.

Außerdem gab es da noch ein Toilettenwettrennen. Das war genauso verrückt und albern, wie es sich anhört. Im Grunde waren es Männer, die eine selbstgebaute Konstruktion inklusive Toilette hinter sich herzogen und wer am schnellsten war, gewann ein Preisgeld.

Im Winter war es hier außerdem herrlich ruhig. Ich genoss die Spaziergänge im Schnee und danach konnte man sich schön mit einem heißen Tee aufwärmen. Und dann das Essen:. Köstlich! Vor allem Fudge in vielen verschiedenen Geschmacksrichtungen ist so tasty.

Ich kann nur jedem, der die Möglichkeit dazu hat, empfehlen, sich Mackinaw City anzusehen. Im Dezember ist es dort wie in einem kleinen Winterwunderland.

Viele amerikanische Gasteltern versuchen ihrem Gastschüler das Reisen während des Austauschjahres zu ermöglichen. Das ist jedoch aus finanziellen Gründen nicht für alle Gastfamilien darstellbar.

Anstatt das Reisen innerhalb der USA also als selbstverständlich zu erachten, sollte man es lieber wertschätzen. Es gehört zu einem der Dinge, die man nicht automatisch von seiner Gastfamilie erwarten sollte. Im Allgemeinen sollten die Anforderungen an die Gastfamilie nie einen monetären oder materiellen Charakter haben.

Es sollte unwichtig sein, ob deine Gastfamilie nur ein kleines Häuschen am Stadtrand oder eine vierstöckige Villa mit Ausblick aufs Meer hat. Es sollte unwichtig sein, ob sie jeden zweiten Tag mit dir Essen gehen und dich ins Kino einladen oder nur zweimal im ganzen Jahr. Was wichtig sein sollte, ist, dass du ihnen wichtig bist und sie gerne mit dir Zeit verbringen. Eine Gastfamilie öffnet ihr Herz und ihr Zuhause für einen völlig fremden Menschen. Mehr als das haben sie nicht zur Aufgabe. Und das allein ist auch schon Grund genug, seiner amerikanischen Familie dankbar zu sein. Der Austauschschüler ist derjenige, der sich an seine Gastfamilie anpassen muss und nicht umgekehrt die Gastfamilie an den Austauschschüler.

„I bet you really try your best, too". Das war Howards Reaktion, als ich ihm davon erzählte, wie gut ich mich mit meiner amerikanischen Familie verstand. Erst in diesem Moment fing ich an, darüber nachzudenken, dass ich möglicherweise auch meinen Teil dazu beigetragen hatte, dass es in meiner Gastfamilie so harmonisch zuging.

Howard hatte Recht, ich gab wirklich immer mein Bestes. Ich versuchte mich für das zu interessieren, wofür Cindy und David sich interessierten. Ich war hilfsbereit und übernahm sogar ihre Werte und Normen. Außerdem gab ich mir alle Mühe, die unausgesprochenen Regeln, die jede Familie unbewusst hat, zu entschlüsseln, um mich dann an sie halten zu können. Das war manchmal gar nicht so einfach.

In einem Austauschjahr steckt mehr Arbeit, als häufig angenommen wird. Es kann eine tolle Zeit werden, aber es ist auch harte Arbeit. Das haben die wirklich wunderbaren Dinge im Leben nun mal gemeinsam – sie fliegen einem nicht einfach so zu.

Zwischen Weihnachten und Ostern gibt es in den USA noch zahlreiche weitere Feiertage, nicht alle von ihnen sind jedoch auch gesetzliche Feiertage. Trotzdem werden sie kein bisschen weniger intensiv zelebriert.

Am 14. Februar fing es, wie sollte es auch anders sein, mit dem Valentinstag an. Hierfür hieß es dann knapp zwei Monate nach der großen Weihnachtsbescherung schon wieder Geschenke kaufen. Dieses Mal natürlich eher Kleinigkeiten, ganz viel mit Herzchen und Blümchen. Trotzdem hatte ich den Eindruck, dass der Valentinstag in den Vereinigten Staaten nicht ausschließlich von Pärchen gefeiert wurde. Hier beschenkte man auch gerne andere Menschen, die man lieb- oder auch einfach nur gernhat, zum Beispiel die Familie oder enge Freunde.

Ich bekam von Cindy zum Valentinstag all das, was ich in den USA kennen und lieben gelernt hatte – Reese's! Reese's Cups, Reese's Spread und sogar ein Reese's Kuscheltier. Zusammengefasst handelt es sich bei Reese's um eine typische amerikanische Köstlichkeit aus Schokolade und Erdnussbutter. Definitiv mein Favorit unter den amerikanischen Sweets! Cindy hatte also voll ins Schwarze getroffen!

Ich hatte gar nicht erwartet, dass Cindy mir etwas zum Valentinstag schenken würde und als sie mir dann plötzlich all die Reese's Produkte in den Arm legte, hatte ich natürlich ein schlechtes Gewissen. Ich hatte weder für Cindy noch für irgendjemand anderen Geschenke gekauft. Cindy versicherte mir aber, dass ich mir deswegen keine Sorgen machen müsse und dass sie das auch nicht von mir erwartet habe. Es war wirklich nett, dass sie so lieb an mich gedacht hatte.

Ein weiteres Valentinstag-Highlight folgte dann aber nicht am Valentinstag selbst, sondern ein paar Tage später bei Walmart. Hier gab es ein großes Sortiment an Valentinstagsgeschenken, einschließlich meiner Reese's Lieblinge. Jetzt, nachdem der Valentinstag vorbei war, wurde alles um 50% reduziert. Und eine Woche später wurde es dann sogar um 80% reduziert! Jetzt gab es hier sogar große Kuscheltiere für nur ein paar Dollar. Da musste ich natürlich auch ein paar Sachen kaufen.

Nach dem Valentinstag folgt dann am 17. März der Saint Patrick's Day. Das ist zwar ein irischer Nationalfeiertag, er wird in den USA aber mindestens genauso intensiv gefeiert und das nicht nur von den mehreren Millionen Iren und deren Nachkommen, die dort lebten.

Am 17. März muss in den USA deswegen alles grün sein, das ist die Nationalfarbe der Iren. Grüne Hüte, grüne Schals, grüne Ketten. Das wird am Saint Patricks aber nicht nur von der irischen Bevölkerungsgruppe getragen. Jeder, der nicht wenigstens ein bisschen grün trägt, wird gezwickt.

Der wohl meistverkaufte T-Shirt Aufdruck war während dieser Zeit mit Abstand „Kiss me – I'm Irish". Auch hier nahm man es mit der tatsächlichen Nationalität nicht so genau.

In den größeren Städten der USA gab es zum Saint Patrick's Day auch Paraden und es wurde sogar der Chicago River grün gefärbt. Ich habe den Saint Patrick's Day zwar noch nie in Irland gefeiert, aber die amerikanischen Feierlichkeiten an diesem Tag lassen sich nur schwer toppen.

Anfang April war es dann in Deutschland genau wie in den USA Zeit für die Ostereiersuche. Natürlich freuten sich auch hier vor allem die Kinder auf ihre Süßigkeiten.

Als ich mit Cindy an diesem Tag in die Kirche ging, warteten schon hunderte von kleinen mit Schokolade gefüllten Ostereiern darauf, versteckt zu werden. Das war dann Cindys und meine Aufgabe. In mehreren Räumen der Kirche bereiteten wir die Ostereiersuche für die verschiedenen Altersgruppen vor. Den kleinen Kindern der Kirchengruppe machten wir es dabei besonders einfach. So einfach, dass die Kinder die Eier praktisch nur noch aufheben mussten. Bei den älteren Kindern der Kirchengruppe konnte man dann schon eher von Verstecken sprechen.

Gavin und Waylon so konzentriert bei der Suche nach Ostereiern zu sehen, war absolut goldig. Gavin gab sogar anderen

Kindern, die nicht so viele Eier gefunden hatten, welche von seinen Ostereiern ab.

Ansonsten verlief der Ostersonntag sehr ruhig. Die meiste Zeit spielte ich mit Gavin und Waylon im Garten und schaute ihnen zu, wie sie sich mit der hart erkämpften Schokolade die Bäuche vollschlugen.

Ich liebte es, mit den beiden Jungs zu spielen. Sie beide waren zwar aufgeweckte, aber nie laute Kinder. Außerdem war es immer lustig, wie furchtbar ehrlich Kinder sein können. Eines Tages erklärte mir Gavin, dass er mit giftigem Efeu in Kontakt gekommen war und deswegen einen Ausschlag auf der Wange hatte. Dann drehte er sich mit einem sehr interessierten Gesichtsausdruck zu mir und fragte mich, was es war, dass ich im Gesicht hatte. Nachdem ich aufgehört hatte zu lachen versuchte ich ihm zu erklären, was Akne war. Es war zu komisch.

Knapp einen Monat später folgte dann schon der nächste Feiertag – Memorial Day. Er wird am letzten Montag im Mai gefeiert. Dieser Feiertag wird häufig mit dem im November stattfindenden Veterans Day verwechselt. Glücklicherweise erklärte mir Cindy den Unterschied.

Memorial Day dient als Gedenktag für alle Soldaten, die in ihrem Dienst für das Militär gefallen waren. Angeblich hatte man sich einen späten Maitag für diesen Feiertag ausgewählt, weil die Blumen des Landes zu dieser Zeit in voller Blüte erstrahlen.

Veterans Day dagegen fällt jährlich auf den 11. November, der Tag, der das Ende des 1. Weltkrieges besiegelte. Am

Veterans Day sollten alle Personen geehrt werden, die dem Militär gedient hatten oder immer noch dienen, nicht nur die, die gefallen waren. An diesem Tag dürfen die Veterans in vielen Restaurants kostenlos essen und auch für viele andere Dinge müssen sie entweder gar nicht oder weniger bezahlen.

Auch Thomas hätte diese Rabatte in Anspruch nehmen können. Thomas war früher sowohl im Irak als auch in Afghanistan stationiert. Er sprach selten darüber, aber Cindy erzählte mir, dass er nach seinen Einsätzen mit einer posttraumatischen Belastungsstörung zu kämpfen hatte.

Beide Feiertage, Memorial Day und Veterans Day, brachten zum Ausdruck, wie sehr die Menschen der USA hinter ihren Soldaten standen. Oft sieht man deswegen auch auf T-Shirts oder Aufklebern die Aufschrift „Support our Troops“. Ja, die Amerikaner sind jedem, der im Militär dient oder gedient hat, unendlich dankbar. Ihnen verdanken sie die Sicherheit, in der sie leben können. Und das wollen sie den Soldaten auch zeigen.

Meiner Ansicht nach könnten wir uns in dieser Hinsicht noch einiges von Amerikanern abschauen. Wir könnten unseren deutschen Soldaten durchaus etwas mehr Dankbarkeit und Ehrfurcht entgegenbringen. Vermutlich jedoch nicht so sehr, wie es in den USA praktiziert wird, das könnte schnell falsch aufgefasst werden. Dennoch sollte uns unsere Historie nicht ganz und gar davon abhalten. Auch deutsche Soldaten setzen ihr Leben aufs Spiel, um das von anderen zu retten.

Für mich brachte das Frühjahr aber noch mehr als die amerikanischen Feiertage mit sich. Es bedeutete auch, dass die

Basketball Saison zum Ende kam und ich wieder einen neuen Sport auswählen musste. Dieses Mal fiel meine Entscheidung auf Softball, was ich zuvor noch nie in meinem Leben gespielt hatte. Aber gerade das weckte mein Interesse.

Softball ist eine in Deutschland wenig bekannte Sportart, weshalb ich sie kurz erläutern möchte. Den meisten Menschen ist Baseball schon eher bekannt, das ist sozusagen der große Bruder von Softball. Im Gegensatz zu Baseball wird Softball nämlich vor allem von Frauen gespielt.

Obwohl die beiden Sportarten sich sehr ähnlich sind, gibt es auch kleine Unterschiede. Ein Softball ist zum Beispiel deutlich größer und schwerer als ein Baseball. Deshalb fliegt ein Softball nicht so weit und das Softball Feld ist aus diesem Grund kleiner. Die Grundregeln im Baseball und Softball sind gleich, auch die verwendeten Schläger und Handschuhe sind fast identisch.

In dieser Saison gehörte ich, wie in der Volleyball Saison, dem Varsity Team an. Bei meinem ersten Training ging es vor allem darum, mir die Regeln zu erklären. Als Anfänger war ich total verwirrt. Ganz offensichtlich gab es mehr zu bedenken, als dass der Schlagmann nach drei Fehlversuchen, den Strikes, diese Runde verloren hatte und aus war.

Trotzdem war mir eines schon nach dem ersten Training klar: noch nie hatte ich eine Sportart so sehr geliebt! Es war, als hätte Softball nur darauf gewartet, von mir entdeckt zu werden, als hätte ich das Austauschjahr von Anfang an nur deswegen gemacht, um das Softballspielen zu lernen. Ich kann bis heute kaum fassen, dass ich diese unglaublich tolle Sportart nie kennengelernt hätte, wenn ich mich damals nicht dafür entschieden hätte, etwas Neues auszuprobieren.

Ich hatte sogar so viel Spaß daran, dass ich beschloss, auch in Deutschland einem Softball Team beizutreten. Glücklicherweise gab es in meiner Heimatstadt auch ein Softball Team, das ist nämlich ziemlich selten.

Der Softball Coach war auch einsame Spitze. Das einzige Problem war, dass er ständig Angst davor hatte, dass ich mich als Anfängerin beim Training verletzen würde. Deswegen spielte ich zum Beispiel selten in der Defensive, um Flyballs (Flugbälle) zu fangen. Das war vom Coach aber nicht böse gemeint, er konnte einfach nicht aufhören, sich Sorgen zu machen. Ganz unbegründet war seine Angst dabei nicht. Einmal bekam ich zum Beispiel einen Softball mit voller Wucht auf die Nase. Das war wirklich nicht angenehm. Trotzdem hatte ich auch danach nicht die geringste Angst vor den harten Softballs.

Beim Werfen und Fangen von Softballs, was wir immer beim Aufwärmen übten, wurde ich jedoch schnell immer besser. Auch die Schlagtechnik hatte ich relativ schnell gemeistert. Alles, was ich brauchte, war Übung. Motivation und Ehrgeiz hatte ich nur zu Genüge.

Aus allen drei Saisons, an denen ich in den USA teilnehmen durfte, war die Softball Saison definitiv mein absoluter Liebling. Ich war wirklich traurig, dass ich nicht für immer für die Rangers Softball spielen konnte.

Eine weitere Neuerung im Frühjahr war schulischer Natur. Wir bekamen nämlich neue Stundenpläne. Für mich änderten sich dabei drei Kurse. Statt Family Living hatte ich nun Health, bei derselben Lehrerin. Es stellte sich heraus, dass Health um einiges interessanter war als Family Living.

Außerdem hatte ich nun nicht mehr Sociology, sondern Psychology. Auch hier hatte ich immer noch dieselbe Lehrerin. In diesem Fall waren die Unterrichtsinhalte jedoch sehr ähnlich.

Die größte Änderung war aber der Kurs, den ich nun anstelle von Earth Science hatte. In diesem Kurs war es gar nicht möglich, dieselbe Lehrerin zu behalten – es gab nämlich gar keinen Lehrer. Zumindest keinen, der unterrichtete. Der neue Kurs nannte sich E2020 und war ein reiner Onlinekurs. In unserem E2020 Raum gab es zwar eine Aufsichtsperson, aber davon abgesehen waren wir selbst für das Lernen verantwortlich. Hier konnte ich frei wählen, welche Themen mich interessierten. Mein E2020 Kurs war Personal Living.

Personal Living war nicht nur ein ziemlich langweiliger Kurs, sondern auch noch mehr als einfach. Ich war zwar bereits die reinen Multiple Choice Klausuren gewohnt, aber der E2020 Kurs brachte das Ganze noch mal auf ein neues Level. Es wurde von uns erwartet, dass wir uns während der Lernvideos Notizen machten, um diese später während der Onlinetests verwenden zu können. Das war dann sogar noch einfacher als die ohnehin schon kinderleichten Open Book Tests.

Zudem waren die Lernvideos ziemlich kurz gehalten und auch die anschließenden Aufgaben nahmen nicht viel Zeit in Anspruch. Das führte dazu, dass ich schon nach etwa vier Wochen das komplette Lernpensum für dieses Semester erreicht hatte.

Alle anderen Schüler des Kurses waren natürlich verwundert, dass ich so schnell fertig war. Dabei war alles, was ich getan hatte, tatsächlich die Aufgaben zu bearbeiten, statt im Internet zu surfen. Der Lehrer, der bei uns Aufsicht hatte, dachte, das müsse an meinem deutschen Blut liegen. Die fleißigen, hart arbeitenden Deutschen. Er bot mir an, dass ich ja noch einen weiteren Onlinekurs belegen könne, auf freiwilliger Basis. So fleißig war ich dann jedoch nicht.

*"One's destination is never a place but a new way of seeing things."*

*Henry Miller*

## Graduation

Man sagt, wenn etwas zu Ende geht, fängt man an, es mehr zu genießen. So ging es mir auch, als ich nur noch wenige Wochen Schule hatte. Das frühe Aufstehen war auf einmal gar nicht mehr so schlimm. Der Unterricht schien plötzlich zehn Mal spannender. Selbst das sonst so nervtötende Schlangestehen in der Cafeteria konnte ich plötzlich genießen.

Kurz vor den Sommerferien stand zunächst einmal die letzte Senior Night bevor. Für die Volleyball Senior Night hatten sich die anderen Spielerinnen besonders viel Mühe gegeben. Erst fünf Minuten, bevor das letzte Heimspiel der Saison anfangen sollte, durften wir Senior endlich zum Spielfeld gehen. Davor hatten die Mädchen alle Zeit genutzt, um das Spielfeld reichlich in den Schulfarben zu dekorieren. Am Zaun des Spielfeldrandes stand: „We love our Seniors" und daneben unsere Trikotnummern, ich war die 14.

Dann bekamen wir alle ein Softball T-Shirt, einen Trinkbecher, einen Softball, der von allen Teammitgliedern unterschrieben wurde und ein Gefäß mit Sand von unserem Spielfeld überreicht. Dazu hielten die Mädchen Plakate mit unseren Namen hoch und jubelten uns zu. Der Coach erlaubte mir sogar, mein Softball Trikot zu behalten, ein wunderbares Erinnerungsstück.

Wenn es nach mir gegangen wäre, hätte die Softball Saison auch in den Sommerferien weitergehen können. Das allerletzte Spiel der Saison hatten wir aber noch vor uns, das war das District Spiel. Dorthin fuhren wir im selben Bus wie das Baseball Team, da auch das Baseball District Spiel an diesem Nachmittag an derselben Schule stattfand.

Leider verloren wir die Districts, aber mit der Saison im Ganzen waren wir zufrieden. Das Baseball Team war jedoch sehr erfolgreich. Sie gewonnen das Spiel und wurden District Champions. Da konnte ich aber noch nicht ahnen, was für ein Glück es war, dass wir mit den Baseball Jungs zusammen zurückfuhren. So konnte ich nämlich trotzdem noch eine unglaubliche Erfahrung machen.

Eine Viertelstunde bevor wir in an unserer Schule ankamen, waren wir plötzlich von haufenweise Polizeiautos, Feuerwehrautos und allem, was sonst noch Blaulicht oder Geräusche machen konnte, umzingelt. Das Baseball Team wurde gefeiert wie die Helden und im Bus ging es auch nicht ruhiger zu. Die Jungen feierten, lehnten sich aus dem Fenster und schrien ihren Sieg in die Welt hinaus. Die Mädchen konnten gar nicht anders als mitzufeiern. Das ganze Dorf ermöglichte den Jungen einen festlichen Einzug. Alle blieben stehen und winkten den Baseballspielern zu, jubelten und klatschten. An diesem Tag waren wir alle, der gesamte Ort, Rangers. Diese überglückliche Atmosphäre im

Bus so hautnah miterleben zu können, das war definitiv ein Highlight meines Austauschjahres.

Der letzte Schultag der Senior bestand fast ausschließlich aus kleinen Spielen und im Freien die Sonne genießen. Als wir morgens die Schule betraten, war der Senior Korridor voll mit Ballons und Konfetti. An unseren Spinden klebten bunte Zettel mit inspirierenden Texten. Alles wurde von den Eltern und den Lehrern organisiert. Für uns Seniors war das ein Tag, an dem wir einfach nur entspannen konnten. An Unterricht war jedenfalls nicht mehr zu denken. Unsere Gedanken waren nur noch bei der bald bevorstehenden Graduation, der Abschlusszeremonie.

Bevor die Zeremonie aber tatsächlich stattfinden würde, musste diese erst einmal geprobt werden. Dafür reihten sich die Mädchen und Jungen getrennt auf und sortierten sich nach der Größe. Kaum zu glauben, aber ich war nicht die Größte unter den Mädchen. Dafür aber die einzige mit flachen Schuhen.

An dieser Probe teilzunehmen, war äußert wichtig, denn wer hier fehlte, konnte auch an der richtigen Zeremonie nicht teilnehmen und bekam dann auch sein Diploma nicht.

Am Tag darauf wurde es dann aber ernst. Aufgeregt warteten wir alle in unseren „Caps and Gowns" darauf, dass es losging. Die Mädchen trugen Weiß und die Jungen Blau, das hatten wir demokratisch abgestimmt.

Schließlich war es dann soweit und wir betraten alle nach und nach die große Bühne, schüttelten viele Hände und bekamen unser *High School* Diploma überreicht. Dann wurde traditionell die „Tassel“ von der rechten auf die linke Seite der Cap gelegt.

Als ich die festlich geschmückte Bühne betrat, konnte ich mich nur darauf konzentrieren, nicht zu stolpern. Noch nie in meinem ganzen Leben waren so viele Augen auf mich gerichtet. Die Turnhalle, in der die Abschlusszeremonie stattfand, war bis auf den letzten Zentimeter voll mit Menschen. Es war gerade noch genug Platz, damit die Schüler einen Weg zur Bühne fanden. Es mussten mehrere hundert Menschen sein, wir hatten nicht mal genug Sitzplätze.

Glücklicherweise schaffte ich es ohne Patzer von einer Seite der Bühne auf die andere. Obwohl ich nur ein einziges Jahr die *High School* besucht hatte, bekam auch ich ein echtes *High School* Diploma. Ganz zu schweigen von der Erfahrung, bei einer der wohl wichtigsten amerikanischen Zeremonien dabei sein zu dürfen.

In den USA musste man nicht nur gewisse Noten haben, um sein *High School* Diploma zu bekommen. Man musste auch eine bestimmte Stundenanzahl gemeinnützige Arbeit geleistet haben. Bei uns Austauschschülern wurde jedoch eine Ausnahme gemacht.

Am Abend nach der Graduation Zeremonie macht der Abschlussjahrgang dann einen letzten gemeinsamen Ausflug, der die ganze Nacht über andauert. Dieser Ausflug nennt sich „Project Graduation“. Das ganze Jahr über hatten die Eltern Geld gesammelt, um uns ein einzigartiges Project Graduation ermöglichen zu können. Das Ziel dahinter war aber auch noch ein anderes. Da wir die ganze Nacht unterwegs sein würden, konnten die Eltern verhindern, dass sich die Jugendlichen anlässlich des *High School* Abschlusses betrinken würden.

Wir hatten also nach der Abschlusszeremonie gerade noch genug Zeit, reichlich Fotos zu machen und uns zu Hause umzuziehen, dann ging es auch schon weiter.

Mit zwei gemieteten Bussen inklusive Fernseher fuhren wir zuerst in die nächstgelegene Großstadt. Dort ging es in einen eigen fürs uns geöffneten Trampolinpark. Dabei konnten wir uns super auspowern und man kam auch mal mit Leuten in Kontakt, mit denen man sonst eher weniger zu tun hatte.

Der nächste Stopp war an einer Bowling Anlage. Jetzt gab es für uns alle auch eine Menge Pizza, das war nach dem ganzen Trampolinspringen auch nötig. Hier brachte mir ein Freund außerdem bei, wie man Billard spielt. Es versteht sich von selbst, dass ich die erste Runde und auch die zweite Runde und auch die dritte Runde haushoch verlor. Trotzdem machte es eine Menge Spaß.

Als nächstes fuhren wir wieder zurück zur Schule, Project Graduation war damit aber noch längst nicht vorbei. Erst einmal gab es jetzt Frühstück. Danach gingen wir in den Theaterraum, wo wir uns ein Video über das gesamte Senior Year anschauten. Das Video war zwar sehr schön zusammengestellt, aber es war auch etwa drei Stunden lang. Nach einer dreiviertel Stunde hörte man das erste Schnarchen. Wir waren schließlich die ganze Nacht wach gewesen und jetzt nur so dazusitzen und auf einen Bildschirm zu starren, half uns nicht unbedingt mit unserer Müdigkeit. Wir brachen das Video also ab, da wir später sowieso alle eine Kopie davon bekamen.

Das Letzte, was auf unserem Programm stand, war ein

Hypnotiseur. Normalerweise bin ich bei so etwas sehr skeptisch, aber egal, ob es nun wirklich funktionierte oder nicht, es war zum Schreien komisch! Nun tränten meine Augen nicht mehr vor Müdigkeit, sondern vor Lachen.

Zuerst holte der Hypnotiseur Freiwillige auf die Bühne. Nach und nach setzten sich dann diejenigen, bei denen die Hypnose nicht erfolgreich war, wieder ins Publikum. Dann ging der eigentliche Spaß los. Der Hypnotiseur erzählte den hypnotisierten Schüler, sie seien alle Hühner, woraufhin sie alle wild umher gackerten. Danach meinte er zu ihnen, dass er, der Hypnotiseur, von hinten nackedei wäre. Als er sie alle anschaute, passierte zunächst nichts. Erst als er sich zum Publikum drehte und mit dem Rücken zu den Hypnotisierten stand, kam eine sichtliche Reaktion. Jeder von ihnen drehte sich angeekelt weg oder hielt sich mit den Händen die Augen zu. Einer von ihnen versteckte sich sogar hinter einem Vorhang. Man muss vermutlich selbst dabei gewesen sein, um zu verstehen, wie lustig es war. Trotzdem war ich auch froh, als ich dann um acht Uhr nach Hause fahren und mich endlich ins Bett legen konnte.

Die Seniors hatten nun also schon ein paar Wochen vor den anderen Jahrgängen frei. Wir hatten ein wenig Mitleid mit denen, die noch Unterricht hatten und beschlossen, ihnen einen unterrichtsfreien Tag zu bescheren. Wie konnte man das am besten? Natürlich mit der „Senior Prank“, den amerikanischen Abschlussstreichen.

Abends holte mich eine Freundin, mit der ich Volleyball gespielt hatte, ab und wir fuhren gemeinsam zur *High School*. Vorher hielten wir aber noch an einem Drogeriemarkt und kauften Toilettenpapier. Drei Mal dürft ihr raten, wofür. Wir TPten die Schule aber nicht nur, wir gaben uns auch viel Mühe bei der Neugestaltung des Büros des Direktors. Wir mochten den Direktor alle, aus diesem Grund kam sein Büro noch glimpflich davon. Wir füllten es lediglich mit Luftballons, hängten alle Bilder schief auf und drehten seine Bücher mit dem Einband nach hinten. Angeblich war er ein Ordnungsfanatiker, deswegen tauschten auch manche seiner Schreibsachen ihren Platz. Es war dadurch nicht wirklich unordentlich, aber trotzdem nicht so, wie er es gewohnt war. Zu gerne hätte ich sein Gesicht gesehen, als er am Morgen sein hübsches, ganz leicht verändertes Büro betrat.

Nun mussten wir nur noch dafür sorgen, dass die Schüler wenigstens für ein paar Stunden nicht in die Klassenräume kamen. Dafür stellten wir alles Erdenkliche vor die Türen, zum Beispiel kleine Schränke und alle Tische, die wir finden konnten.

Immer wieder liefen wir durch die Flure der Schule und schmissen Klopapier und unsere alten Notizzettel umher. Plötzlich stand dann ein Erwachsener vor mir. Ich bekam fast einen Herzinfarkt. Als mich der Lehrer, zumindest nahm ich an, dass er ein Lehrer war, dann so ansah, war ich mir sicher, dass ich in großen Schwierigkeiten steckte. Jetzt fing ich an, mich zu fragen, ob das der Grund war, dass nur neun oder zehn Schüler bei der Senior Prank halfen.

Ich hatte ganz vergessen, dass uns auch irgendjemand die *High School* aufschließen musste. Einen Lehrer hatten wir also eingeweiht. Ein Lächeln breitete sich auf seinem Gesicht aus und er fragte mich, ob ich nicht eine der Austauschschülerinnen sei. Ich bejahte seine Frage und sagte ihm, dass ich anscheinend die einzige unter ihnen war, die sich getraut hatte, die Schule mit zu verwüsten. Der Lehrer fragte mich daraufhin lachend, ob ich denn ein gutes Jahr in den USA gehabt hätte. Ich konnte ihm guten Gewissens versichern, dass es das wunderbarste Jahr meines Lebens war. Trotzdem bekam ich neuerdings bei jeder Frage, die mich daran erinnerte, dass das Ende meines Austauschjahres kurz bevor stand, sofort Tränen in den Augen. Ich wollte in die Welt hinausschreien, was für eine tolle Zeit ich hatte und wem ich sie zu verdanken hatte. Jeder sollte wissen, dass ich nie vergessen würde, was ich hier erlebt hatte.

Prom. Der Tag, auf den sich Seniors fast noch mehr freuen als auf den Tag der Graduation.

Schon vor vier Monaten war ich zusammen mit Cindy, Chloe und Hope (der Frau und der Tochter unseres Pastors) mein Kleid kaufen gegangen. Das erste Kleid, mit dem ich aus der Kabine kam, war ein bunt gemustertes mit einem tiefen Rückenausschnitt. Mir gefiel das Kleid nicht sonderlich, aber Cindy, Chloe und Hope waren absolut begeistert. Ich verwies dann darauf, dass das Kleid auch außerhalb meines Budgets lag. Nachdem ich das nächste Kleid angezogen hatte, eröffneten mir Cindy, Chloe und Hope, dass sie alle Geld zusammenlegen wollten, damit ich mir das andere Kleid doch kaufen konnte. Ich konnte nicht fassen, dass sie das für mich tun würden. Es war eine außergewöhnlich nette Geste.

Nichtsdestotrotz wollte ich lieber noch weitere Ballkleider anprobieren. Nach langem Suchen fand ich schließlich ein bodenlanges dunkelblaues Kleid mit freiem Rücken. Ich fand es wunderschön.

Glücklicherweise war Thomas' Frau Olivia gelernte Friseurin und Visagistin. Sie machte mir für Prom die Haare und das Make Up. Gerade als ich fertig war, kam auch schon Howard, damit wir beide im Garten gemeinsam Bilder machen konnten. Dafür bekam ich dann noch meine Ansteckblume, was traditionell immer zum Abschlussball getragen wird.

Nachdem wir genug Bilder im Kasten hatten, fuhren wir zu Scarlett und Katie, wo es gleich mit dem nächsten Fotoshooting weiterging. Es kam sogar Whitney mit Gavin und Waylon vorbei, um Erinnerungsfotos zu machen.

Dann passierte etwas, dass ich vermutlich als den absolut peinlichsten Moment in meinem gesamten Austauschjahr bezeichnen würde. Scarlett war sich auf einmal unsicher, ob ihr Kleid wirklich zu ihr passte und sagte frustriert, dass sie darin hässlich aussehe. Ich wollte daraufhin antworten, dass sie ganz sicher nicht hässlich war und dass sie in ihrem Kleid sehr hübsch aussah. Sollte eigentlich nicht so schwer sein, war es aber, wenn man beachtet, dass ich mit den Gedanken schon längst bei der Abschlussfeier war. Ich vermischte die beiden Sätze und was ich ihr wirklich antwortete war: „No Scarlett, you really don't look good". Na toll, ich hatte meiner besten Freundin tatsächlich gesagt, dass sie nicht gut aussehe. Einsame Spitze. Ich hatte wirklich Glück, dass Scarlett darüber lachen konnte, als sie meinen verstörten Gesichtsausdruck sah.

Bei der Abschlussfeier angekommen konnte ich nicht aufhören, den wunderschönen Ballsaal anzustarren. Er war so atemberaubend edel, mit einem großen Kronleuchter in der Mitte und einem bezaubernden Altbaucharme.

Genau wie beim Winter Dance war der größte Teil des Raumes als Tanzfläche vorgesehen, nur war die Tanzfläche in diesem Fall sehr viel besser besucht. Zu Prom waren nämlich fast alle Seniors und auch viele Juniors gekommen. Freshmen und Sophomores durften nur zu Prom, wenn sie einen Junior oder Senior als Begleitung hatten.

Ich verbrachte erstaunlicherweise viel Zeit auf der Tanzfläche. Das zeigte mir, wie wohl ich mich mit diesen Menschen fühlte. Normalerweise tanze ich nämlich nie, ich bin eine schreckliche Tänzerin. Vermutlich ist aus diesem Grund auch der Slow Dance mein Favorit, denn dafür muss man nun wirklich kein guter Tänzer sein.

Prom war ein sagenhaft schöner Abend. Die Wahl der Prom Queen und des Prom King ging schon fast unter, weil wir alle so viel mit Feiern beschäftigt waren. An diesem Abend fühlten sich alle Mädchen wie die Prom Queen und alle Jungen wie der Prom King. Es war traumhaft.

Neun Monate hatte ich nun an dieser kleinen *High School* im Süden Michigans verbracht und dabei einiges über das amerikanische Schulleben gelernt. Ich machte mir dabei zunehmend Gedanken über eins der wohl meistdiskutierten Gesellschaftsphänomene überhaupt – die Beliebtheitsfrage.

„You could have easily been one of the popular girls", hatte mir Howard einmal gesagt. Natürlich wollte ich von ihm wissen, wie er darauf kam, dass ausgerechnet ich eine von den beliebten Mädchen hätte sein können, wenn ich gewollt hätte. Seine Antwort war: „Because you do sports, you‘re pretty and you‘re smart“. Anscheinend war es kein Vorurteil, dass die Sportler tendenziell die beliebteren Schüler sind.

Warum sind die Sportler die „Beliebten“? Nicht alle Amerikaner interessieren sich für den Sport und fiebern bei jedem Spiel eifrig mit, schon gar nicht bei jedem Team gleichzeitig. Daran konnte es also nicht ausschließlich liegen.

Es traf aber definitiv zu, dass die Sportler viel mehr als andere Schüler in der Öffentlichkeit standen. Sie repräsentierten die Schule und waren aus diesem Grund auch unter den Schülern bekannt. Ich will nicht abstreiten, dass die Sportler unserer *High School* von fast allen gemocht wurden, auch von mir, aber noch mehr als das wurden sie von allen gekannt.

Wenn man in der Schule eine Umfrage gemacht hätte, um herauszufinden, wie beliebt beispielsweise Howard sei, hätten vermutlich sehr viele Schüler geantwortet: „Er scheint zwar ganz nett, aber ich kenne ihn nicht so richtig. Ich hatte noch nie viel mit ihm zu tun“. Die Grundvoraussetzung dafür, dass man sich mit jemandem versteht, ist ganz offensichtlich, dass man ihn auch kennt. Wenn man jedoch nach einer der Sportlerinnen fragen würde, sehe die Antwort schon anders aus: „Sie ist wirklich sehr nett, jeder hier mag sie“. Aber ist das wirklich so? Sind die „Beliebten“ wirklich immer die, die mehr als alle anderen gemocht werden?

Wenn ihr an eure Schulzeit zurückdenkt, waren die „Beliebten“ dann immer Schüler, die ihr gemocht habt, oder waren es manchmal auch nur Personen, deren Namen jeder in der Schule kannte?

Möglicherweise sollte das Wort „beliebt" schlichtweg durch das Wort „bekannt" ersetzt werden.

*"Not all those who wander are lost."*

*J. R. R. Tolkien*

## Happy Tears

Kaum hatte mein Austauschjahr begonnen, war es auch fast schon wieder vorbei. Ich hatte noch fast sechs Wochen Sommerferien vor mir, bevor der Abschied bevorstand.

In dieser Zeit unternahm ich besonders viel mit Whitney, Matthew, Gavin und Waylon. Wir fuhren zum Beispiel ins Autokino und ein verlängertes Wochenende verbrachten wir mit Campen. Waylon konnte zum Campen leider nicht mitkommen, er war noch zu klein. Gavin hatte dafür umso mehr Spaß. Schon während der Autofahrt zum Campingplatz war er total aufgeregt, aber auch ziemlich müde. Deswegen tat er, was er immer tat, wenn er verzweifelt versuchte nicht einzuschlafen. Er fing ununterbrochen an zu reden. Nach einer Weile hielt es Whitney nicht mehr aus. Sie bettelte ihn förmlich an, sich zu beruhigen und gab ihm auch eine Decke und ein Kissen. Fünf Minuten später schlaf Gavin dann tief und fest.

Der Campingausflug tat uns allen sehr gut. Endlich wurden die Handys mal beiseite gelegt und man konnte sich auf die Natur konzentrieren. Die meiste Zeit verbrachten wir mit Grillen oder mit Gavin auf dem Spielplatz. Wenn es nach Gavin gegangen wäre, hätte er auch auf dem Spielplatz übernachten können, so begeistert war er von ihm. Schon nach ein paar Minuten hatte er sich mit drei anderen Kindern angefreundet.

Außerdem hatte ich endlich Zeit, mich näher mit Matthew zu unterhalten. Nach und nach fingen wir an, immer mehr Späße miteinander zu machen. Bei diesem Campingausflug bin ich wirklich an Matthew herangewachsen. Mit Whitney hatte ich vorher schon so viel Zeit verbracht, dass wir ein inniges „Große Schwester – Kleine Schwester-Verhältnis" zueinander hatten. Auch Matthews Eltern waren mit zum Campen gekommen. Die beiden waren sehr witzig und hatten immer gute Laune.

Am letzten Tag unseres Ausflugs machten wir dann noch eine Kanutour. Whitney, Gavin und ich im einen Kanu und Matthew mit seinen Eltern im anderen. Gavin trug natürlich eine Schwimmweste und nur, um die anderen zu beruhigen, trug ich auch eine. Ich habe zwar Gold als Schwimmabzeichen, aber es konnte ja schließlich nicht schaden.

Aus gegebenen Gründen hatten wir eine einfache Route gewählt, das Wasser war sehr ruhig. Das tat unserem Spaß aber keinen Abbruch. Hauptsächlich bestand die Kanutour daraus, den Mitgliedern des anderen Kanus zu beweisen, wer die besseren Kanufahrer waren.

Der Campingausflug war ein voller Erfolg und wir alle beschlossen, diesen Ausflug irgendwann einmal zu wiederholen.

Meine Abreise zurück nach Deutschland war für Ende Juni angesetzt, ich wollte aber unbedingt noch am Independence

Day in den USA sein. Der 4. Juli ist einer der wichtigsten amerikanischen Feiertage, möglicherweise sogar der wichtigste. Zum Glück konnte man bei YFU eine Verlängerung des Austauschjahrs beantragen. Mein neues Abreisedatum war der 15. Juli.

Die USA sind wirklich das Land mit dem stärksten Patriotismus, nicht nur am Independence Day. Am 4. Juli wird das jedoch für alle Welt sichtbar. Dort, wo sonst in und vor jedem Haus vier bis fünf amerikanische Flaggen hängen, hingen nun doppelt so viele. Überall hörte oder las man „Happy Fourth of July". In den USA gibt es nämlich haufenweise Schilder vor Schulen, Kirchen und Einkaufsläden, die die neuesten Nachrichten und Ankündigungen anzeigten und jeden Tag entweder von Hand oder mittels eines Computers geändert werden. Am Independence Day stand auf allen diesen Schildern, wie sollte es anders sein: „Happy Independence Day".

Am Morgen des 4. Juli fand zunächst eine große Parade statt. Ganz vorne geht die Blaskapelle und dann folgt eine Reihe von Festwagen. Beispielsweise hatte Uncle Sam, das bekannteste personifizierte Symbol der Vereinigten Staaten, seinen eigenen Wagen. Während der Parade warf er den Zuschauern Süßigkeiten und kleine amerikanische Flaggen zu. Auch für die Menschen, die beim Militär gedient haben, war ein eigener Festwagen reserviert. Alle Zuschauer riefen den Soldaten: „Thank you for your service!" zu und zeigten ihnen so ihre Dankbarkeit.

Jeder einzelne Amerikaner trug an diesem Tag die amerikanische Flagge, auch „Stars and Stripes" genannt, entweder auf einem T-Shirt oder in irgendeiner anderen Weise bei sich.

Nach der Parade veranstalteten viele Amerikaner Fourth

of July Partys. Da dieser Tag meist als Start in den Sommer angesehen wird, finden diese Partys häufig in Form eines Barbecues oder Picknicks statt. Jeder, der nicht selbst eine Independence Day Party veranstaltete, war zu mindestens vier oder fünf Partys eingeladen. An diesem Tag schien wirklich jeder zu feiern.

Am Abend fanden dann in vielen Orten große Feuerwerke statt. In Michigan, dem Staat der vielen Seen, wurden diese Fourth of July Fireworks oft über einem der Seen steigen gelassen. Es sah bezaubernd aus, wie sich die vielen Farben in der Dunkelheit im Wasser spiegelten. Ich sah mir ein Feuerwerk zusammen mit Whitney, Matthew, Waylon und Gavin an. Gavin war fasziniert und konnte danach das nächste Feuerwerk kaum abwarten. Waylon hatte eher Angst vor den lauten Geräuschen, er verkroch sich fast die gesamte Zeit über bei Whitney im Arm.

Es war eine tolle Idee, eigens für den Independence Day eine Verlängerung meines Austauschjahres zu beantragen. Es hat sich mehr als gelohnt.

Im Sommer ging es dann für Cindy, David und mich wieder für ein paar Tage nach Mackinaw City. Cindy wollte mir unbedingt noch Mackinac Island zeigen.

Auf dieser zwischen der oberen und unteren Halbinsel Michigans gelegene Insel sind keine Autos erlaubt. Die einzigen Fortbewegungsmittel sind Kutschen und Fahrräder. Cindy war begeistert von der Schönheit der Insel. David beschrieb sie dagegen immer mit den Worten „horse poop and sugar“. Letzteres bezog sich dabei auf den berühmten Mackinac Island Fudge.

Der Tag, an dem wir unseren Ausflug nach Mackinac Island machten, gehörte zu einem der wärmsten Tage des Jahres. Trotzdem habe ich, anders als Cindy und David, selbst in der Sonne noch unendlich gefroren.

Auf Mackinac Island gab es natürlich auch eine Reihe von Sehenswürdigkeiten. Da wäre zum Beispiel Fort Mackinac, die alte Festung der Insel. Von hier aus hat man eine tolle Aussicht über die ganze Insel. Regelmäßig wird dort außerdem eine große restaurierte Kanone abgefeuert.

Das historische Grand Hotel auf Mackinac Island kann vermutlich auch als eine Sehenswürdigkeit betrachtet werden. Schon auf der Fähre nach Mackinac Island stach dieses riesige und pompöse Hotel unter allen anderen Gebäuden hervor.

Ich war, genau wie Cindy, fasziniert von der Insel. Obwohl es dort nur vor Touristen wimmelte, strahlte die Insel eine gewisse Ruhe aus. Nicht zuletzt, weil sie voll mit wunderschönen Blumengärten war. Außerdem war das Geräusch der Pferdehufen auf dem Steinboden sehr viel beruhigender als die Motorengeräusche von Autos, die hier ganz und gar fehlten.

Kurz nachdem wir aus Mackinaw zurück waren, gingen auch schon die Vorbereitung für die nächste Party los, nämlich für meine Abschieds – und Graduationparty. Anfangs hatten wir nur eine Graduationparty geplant, aber dann kamen wir auf die Idee, daraus auch noch eine Abschiedsparty zu machen, da ich wenige Wochen später die USA verlassen musste.

Als Farben für die Ballons und andere Dekorationen hatten

wir aus diesem Grund nicht nur Weiß und Blau, die Schulfarben, sondern auch Rot, was daraus die Farben der amerikanischen Flagge machte. Für die Party gestaltete mir Cindy sogar ein T-Shirt. Ich suchte mir bei Walmart ein paar Flicken in der Form eines Softballs, eines Softball Handschuhs und der US Flagge aus und Cindy nähte sie mir auf ein schwarzes Shirt. Dazu bastelten wir noch einen typisch amerikanischen Rock, der Ähnlichkeit mit einem Hula Rock hat. Für den Rock wählten wir wieder die Farben Rot, Weiß und Blau.

Außerdem kauften wir auch zwei individuell gestaltete Torten. Die eine war anlässlich meiner Graduation und hatte die Aufschrift: „Congrats Grad 2015“. Die andere Torte war anlässlich der Abschiedsparty und hatte die Aufschrift: „It‘s not Goodbye, It‘s see you later“.

Obwohl ich nicht so viele Gäste hatte, war meine Abschieds- und Graduationparty auf jeden Fall ein Erfolg. Ich hatte endlich wieder die Gelegenheit, Zeit mit meiner Freundin Amanda zu verbringen, mit der ich seit der Basketball Saison befreundet war. Sie war so ein nettes Mädchen. Und auch mit anderen Menschen, die ich während des Austauschjahres kennengelernt hatte, konnte ich mich noch einmal ausführlich unterhalten. Es fiel mir sehr schwer, mich abends von allen zu verabschieden. Ich wusste nicht einmal, wann ich sie das nächste Mal wiedersehen würde.

Der letzte Sonntag vor meiner Abreise war besonders aufwühlend. Es war mein letzter Kirchensonntag in den USA. Auf Cindy und David wartete an diesem Tag auch eine kleine Überraschung. Auf dem Schild vor unserer Kirche stand nun geschrieben: „Thank you to my host family Cindy and David

– Jeannette". Als Cindy das Schild las, kämpfte sie mit den Tränen. Ich hatte ganz offensichtlich die richtige Art und Weise gewählt, um Danke schön zu sagen. Das Schild vor unserer Kirche war endlich meine Chance, in die Welt hinauszuschreien, wie dankbar ich meiner amerikanischen Familie war.

Selbst Whitney, Gavin und Waylon kamen an diesem Tag in unsere Kirche zum Gottesdienst. Nachdem Pastor Dan die Gebete beendet hatte, bat er mich plötzlich nach vorne. Es war ein Wunder, dass ich nicht schon auf dem Weg zu ihm in Tränen ausbrach.

Im Namen der gesamten Kirchengemeinschaft überreichte mir der Pastor ein Kreuz zum Aufstellen, auf dem das Wort „Courage" eingraviert war. Dazu gab er mir noch sein persönliches: „See you later blessing". Dann sah ich Whitney und Cindy vor mir sitzen, völlig in Tränen aufgelöst. Noch nie zuvor hatte ich einen der beiden weinen sehen. Spätestens jetzt konnte ich nicht mehr an mich halten und die Tränen kullerten mir nur so über die Wange. Schon wieder hatte ich ganz tief in meinem Inneren das Gefühl, hier zuhause zu sein, hier hinzugehören. Und ganz offensichtlich sah das meine Church Family auch so.

Am 15. Juli fuhren wir wohl oder übel zurück zum Flughafen. Hätte ich es nicht besser gewusst, hätte ich gedacht, dass wir nur auf dem Weg zum Einkaufen waren. Wir unterhielten uns über allerlei Alltägliches und vermieden das Thema, wohin die Autofahrt wirklich ging. Ich glaube, Cindy und David versuchten sich dadurch vom Unausweichlichen abzulenken.

Am Flughafen angekommen trafen wir dann auch Whitney, Gavin und Waylon. Der Flughafen ist sehr klein, weshalb es erlaubt war, dass Angehörige der Passagiere mit zum Gate gehen. Selbst als wir dort im Check-In auf meinen Flug warteten, verloren wir kein Wort über das kurz bevorstehende Abschiednehmen.

Dann wurde mein Flug aufgerufen. Es war die Zeit gekommen, auf Wiedersehen zu sagen, ob wir es nun wahrhaben wollten oder nicht. Zuerst umarmte ich ein letztes Mal Gavin und Waylon. Ich konnte nur hoffen, dass die beiden mich nicht vergessen würden, sie waren ja noch so jung. Als ich dann David in den Arm nahm, sah ich ihm deutlich an, wie schwer auch ihm der Abschied fiel. Auch wenn er versuchte, es sich nicht anmerken zu lassen. Whitney und Cindy versuchten gar nicht erst, ihre Tränen zu verbergen. Wir weigerten uns jedoch alle, „Goodbye" zu sagen. Stattdessen sagten wir: „See you later". Außerdem wiederholten wir immer wieder: „Love you, I'm gonna miss you".

Auch als ich im Flugzeug saß, konnte ich die Tränen nicht stoppen. Aber es waren glückliche Tränen. „You're gonna suffer, but you're gonna be happy about it" - das ist ein Zitat aus einem Harry Potter Film, es lässt sich einwandfrei auf diese Situation übertragen. Ich habe gelitten, sehr sogar, aber ich war auch froh darüber. Meine Tränen zeigten mir, wie sehr mir diese Menschen ans Herz gewachsen waren. Sie bewiesen mir, was für ein atemberaubend wunderbares Abenteuer da hinter mir lag.

Ein Austauschjahr hat Höhen und Tiefen. Das hier war beides.

*"We leave something of ourselves behind when we leave a place, we stay there, even though we go away. And there are things in us that we can find again only by going back there"*

*Pascal Mercier*

## Reverse Culture Shock

Meine Rückreise verlief leider längst nicht so unproblematisch wie meine Hinreise. Als ich in Chicago ankam, wurde für meinen nächsten Flug nach New York eine Verspätung von drei Stunden angesagt, dann würde ich meinen Flug nach Deutschland verpassen.

Ausgerechnet jetzt war auch noch mein Handy kaputt. Vor einem Münztelefon versuchte ich mir die Telefonnummer meiner Eltern in Deutschland in Erinnerung zu rufen, aber das war vergeblich, ich konnte ja nicht mal meine eigene Handynummer auswendig. Und doch fiel mir aus dem Nichts heraus die Handynummer von David wieder ein. Ich konnte mich nicht einmal daran erinnern, sie jemals auswendig gelernt zu haben.

Glücklicherweise hatte der Flug nach New York dann doch nur eineinhalb Stunden Verspätung. Ich musste am Flughafen in New York zwar ein wenig laufen, aber meinen nächsten Flug verpasste ich nicht.

Obwohl meine Rückreise auch reibungsloser hätte über die Bühne gehen können, hat sie mir eines deutlich gemacht: ich war sehr viel selbstbewusster, als ich es noch vor meinem Austauschjahr gewesen bin. Ich war schon fast entspannt, als ich darauf wartete, wie es mit meinen Flügen weitergehen würde. Bei der Hinreise hätte ich vermutlich noch die Nerven verloren, wenn ich einen meiner Flüge verpasst hätte. Doch dieses Mal ließ ich es einfach auf mich zukommen. Die erste Lektion über meine persönliche Entwicklung hatte ich also gelernt, noch bevor ich wieder deutschen Boden unter den Füßen hatte.

In Deutschland gelandet schlug mir das Herz wieder bis zum Hals. Es war zwar traurig, dass ich meine amerikanische Familie an diesem Tag verlassen musste, aber es war auch Zeit, zu meiner deutschen Familie zurückzukehren. Nun konnte dieser Augenblick auf einmal gar nicht schnell genug kommen.

All die Menschen, die ich so lange Zeit vermisst hatte, waren am Flughafen mit selbstgemalten „Willkommen zurück" Schildern und amerikanischen und deutschen Flaggen versammelt. Ich war unglaublich erleichtert, sie alle zu sehen. Aus irgendeinem Grund hatte ich große Angst, dass sich niemand für meine Rückkehr interessieren würde. Ich hatte Angst, dass sie in dem Jahr gelernt hatten, einfach ohne mich weiterzuleben und dass sie mich nun nicht vermissen würden.

Als erstes sah ich meine Mutter. Sie lief mir mindestens genauso stürmisch in die Arme, wie das ein Jahr zuvor meine amerikanische Mutter getan hatte. Nur dauerte diese Umarmung um einiges länger. Es fühlte sich an, als wären es Stunden gewesen. Wir umarmten uns so fest, als wollten wir einander nie wieder loslassen. Schon wieder weinte ich ganze Wasserfälle, genau wie meine Mutter. Mein ganzes Leben lang stand ich meiner Mutter so nah, sie für ein Jahr zu verlassen war mir mit Abstand am schwersten gefallen.

Als wir uns dann endlich widerwillig aus unserer Umarmung lösten, kam mir schon mein Vater entgegen. Die Umarmung mit meinem Vater fiel zwar kürzer aus, aber keineswegs weniger tränenreich, zumindest nicht auf meiner Seite. Genauso war es dann auch bei meiner Tante und meinem Onkel. Meine Schwester war da schon gelassener, genauso wie mein Bruder. Ich konnte kaum glauben, wie viel mein Bruder in dem einen Jahr gewachsen war. Auf einmal musste ich mich auf Zehenspitzen stellen, um ihn umarmen zu können!

Meinen ersten Tag zurück in Deutschland verbrachte ich mit meiner Mutter beim Shopping. Ich war hauptsächlich damit beschäftigt, nach fast dreißig Stunden ohne Schlaf gegen meine Müdigkeit anzukämpfen. Da ich um acht Uhr morgens gelandet war, war es für einen Jetlag nicht förderlich, jetzt schlafen zu gehen.

Als wir mittags nach Hause fuhren, war das ganze Haus mit Stars and Stripes geschmückt. Selbst der Tisch war mit Plastiktellern gedeckt, die die amerikanische Flagge als Aufdruck hatten. Beim Kuchenessen hatte ich dann endlich Zeit, meiner Familie von meinem Austauschjahr zu berichten. Es war ziemlich schwer, von meinem einjährigen Abenteuer an nur einem Nachmittag zu erzählen. Mitten im Gespräch wechselte ich dann unbewusst ins Englische. Ich sah zwar all die verwirrten und belustigten Blicke, aber ich nahm an, dass das, was ich erzählte, einfach so unglaublich war. Mein Vater bat mich dann darum, dass ich, wenn ich zwischen den zwei Sprachen wählen könne, doch ihnen zuliebe bitte Deutsch sprechen würde.

Die anfängliche Begeisterung meiner Familie verflog aber schneller, als ich erwartet hatte. Ich wollte pausenlos von meinem Austauschjahr berichten, es gab ja noch so viel zu erzählen. Trotzdem versuchte ich mich zurückzuhalten und auch Interesse daran zu zeigen, was sich bei ihnen alles verändert hatte. Dennoch war ich ein klein wenig enttäuscht, dass meine Familie nicht näher daran interessiert war, was mir während meines Austauschjahres alles passiert war.

Nach ein paar Wochen wieder zurück in Deutschland erwartete meine Familie zunehmend von mir, dass ich erkennen würde, dass mein Austauschjahr nun vorbei war. Sie hatten von dem Austauschjahr angenommen, dass ich ein Jahr an einer *High School* zur Schule gehen und bei einer Gastfamilie leben würde und wenn ich wieder nach Deutschland zurückkehre, dann sei das Austauschjahr zu Ende. Die Realität sah aber anders aus.

Ich hatte nicht einfach nur bei einer Gastfamilie gewohnt, um nicht im Hotel übernachten zu müssen. Diese Menschen sind eine Familie für mich geworden und die vergisst man nicht, nur weil man sie nicht mehr jeden Tag sieht. Ich war auch nicht nur in den USA zur Schule gegangen, um die Sprache zu lernen. Nein, ich hatte mir in den Vereinigten Staaten ein neues Leben aufgebaut.

Dieses Leben war nicht einfach so vorbei. Ein Teil meines Herzens war dort geblieben und deshalb kam ich nie vollständig wieder in Deutschland an.

Bis heute sagen mir meine Eltern, dass ich noch zur Hälfte in den USA leben würde. Damit haben sie auf jeden Fall Recht. Ja, ich stehe noch mit einem Bein in den USA und ich bin froh darüber.

Während meiner Zeit in den Vereinigten Staaten hatte ich mich mehr verändert, als mir zuerst bewusst war. Ich war nicht nur selbstbewusster, ich sah die Welt ab jetzt mit anderen Augen. Ich hatte zwar immer noch ähnliche Wertvorstellungen, aber trotzdem war ich ein neuer Mensch. Mein altes Leben passte einfach nicht zu diesem neuen Menschen. Es war, als wäre ich in meinem eigenen Heimatland nicht mehr als eine Fremde, als würde ich hier nicht hergehören.

Ununterbrochen hatte ich dieses Feuer in mir, diesen Drang, etwas Neues zu erleben, neue Welten zu erkunden und einfach nicht stehen zu bleiben. Die Monotonie war das, was mich um den Verstand brachte.

Jetzt, da ich angefangen hatte, die Welt für mich zu entdecken, konnte ich diese Reiselust nicht mehr loswerden. Das Fernweh drängte sich in jeder freien Minute in mein Gedächtnis, sie war ein ständiger Begleiter und ich wollte es auch nicht loswerden, stattdessen nahm ich es bei der Hand und versprach ihm, dass es bald wieder soweit sein würde. Auch wenn ich nicht mit Sicherheit sagen konnte, wann ich mein Versprechen einlösen würde.

Jedes Mal, wenn ich ein Zug an mir vorbeifuhr oder ich ein Flugzeug am Himmel sah, wünschte ich mir, auch darin zu sitzen. In diesen Moment zog das Fernweh ganz besonders kräftig an meiner Hand und bettelte mich an, doch endlich wieder auf Entdeckungsreise zu gehen.

Meine Familie und Freunde schienen das nicht zu verstehen. Sie wussten nicht, wie sie mit diesem „neuen Ich" umgehen sollten. Sie wussten nicht, warum ich plötzlich nicht mehr zufrieden mit dem Leben war, das ich vorher jahrelang in Deutschland geführt hatte. „Was ist denn auf einmal anders?", wollten sie von mir wissen. Ich. Ich war es, die anders war.

Ich gab mir alle Mühe, mich auf mein deutsches Leben genauso einzulassen, wie ich es ein Jahr zuvor in den USA getan hatte. Da ich nun aber zur Hälfte am anderen Ende der Welt lebte, gestaltete sich die Umstellung deutlich schwieriger. Was ist wohl einfacher: sein altes Leben für ein Jahr zu verlassen und dann zurückzukehren oder sein altes Leben zu verlassen, ganz ohne zu wissen, wann man zurückkehren würde? Ich tippe auf Letzteres.

Ich glaube, meine Eltern hatten, möglicherweise unbewusst, erwartet, dass ich die ersten Wochen bis Monate nach meinem Austauschjahr noch Kontakt zu meiner amerikanischen Familie halten würde, der Kontakt sich aber nach und nach verflüchtigen würde. Das war aber absolut nicht der Fall. Ich hatte zwar nicht jeden Tag Kontakt in die USA, das gestaltete sich unter anderem durch den sechsstündigen Zeitunterschied schwierig, aber sowohl ich als auch meine amerikanische Familie hielten den Kontakt weiterhin aufrecht. Ich war unendlich froh darüber, dass wir uns nicht aus den Augen verloren.

Die meisten Austauschschüler überwinden den „umgedrehten Kulturschock“ genauso erfolgreich, wie sie zuvor den Kulturschock in ihrem Gastland gemeistert haben. Bei mir war das leider anders. Aus meinem umgedrehten Kulturschock entwickelte sich nach und nach eine Post-Austauschjahr- Depression.

Ich konnte das Gefühl nicht loswerden, dass ich jetzt in den USA zuhause war. Innerhalb so kurzer Zeit war in Michigan alles Fremde zum Vertrauten geworden und nun zurück in Deutschland war mir alles sonst so Vertraute plötzlich so fremd.

Obwohl ich nun wieder bei meiner deutschen Familie lebte, fühlte ich mich so weit weg von ihnen wie noch nie zuvor. Das war das Schlimmste für mich. Zu wissen, dass es nie wieder so sein würde, wie es vor meinem Austauschjahr war. Ich hatte mich verändert, genau wie sich auch meine Familie verändert hatte.

Das war wohl der Preis, den ich zahlen musste, ohne zuvor davon geahnt zu haben. Es war wie diese versteckten Kosten beim Onlineshopping, wenn man denkt, man hat ein Schnäppchen gemacht und man plötzlich herausfindet, dass der tatsächliche Preis doppelt so hoch ist. Als ich mein Austauschjahr antrat, wusste ich nicht, dass ich mir ein neues Leben aufbauen würde und dafür mit meinem alten Leben zahlen musste. So fühlte es sich zumindest an.

Heute weiß ich, dass ich mein altes Leben nicht verloren

habe. Der Preis meines Austauschjahres ist immer noch etwas, das ich jederzeit wieder bereit wäre zu zahlen. Mein altes Leben ist nicht weg, ich musste es nur wiederfinden. Und als ich es dann endlich gefunden hatte, beschloss ich, es ein wenig zu verändern, es passte nicht mehr zu der Person, die ich geworden war.

Es war, als würdest du nach einer langen Reise wieder in dein altes Schlafzimmer kommen und dir gefällt die Zimmerfarbe nicht mehr – du schmeißt nicht alle deine Möbel raus, sondern streichst deine Wände in einer neuen Farbe. Genauso warf auch ich nicht alle meine Pläne über Bord, als ich wieder in Deutschland angekommen war. Ich überdachte sie, aber ich schmiss sie nicht ohne weiteres weg. Noch immer ist es mein Wunsch, einmal Lehrerin an einer Grundschule zu werden. Aber anders, als ich es vorher geplant hatte, zog ich schon direkt nach meinem Austauschjahr in meine eigene Wohnung.

Ich weiß, dass ich meine Post-Austauschjahr- Depression noch nicht überwunden habe, aber dieses Buch ist ein großer Schritt in die richtige Richtung. Ich bin immer noch dabei, das Zimmer meines Lebens so einzurichten, wie ich es mir wünsche. Das wichtigste dabei ist, die notwendigsten Möbel zu kaufen. Ohne das gute Verhältnis zu meinen Eltern ist es, als würde ich im Zimmer meines Lebens noch immer ohne Matratze schlafen. Es ist zwar möglich, aber nach und nach mache ich mir den Rücken kaputt.

Möglicherweise kann ich eines Tages wieder sagen, dass ich das Zimmer meines Lebens wieder vollständig eingerichtet habe und dass ich zufrieden mit dem Ergebnis bin. Eins steht fest: Ich werde nicht aufgeben, bis es soweit ist.

Das Schwierigste am Reisen ist das, worüber man viel zu selten spricht – und zwar die Zeit danach. Nach Hause zurückzukehren kann tatsächlich schwieriger sein, als es zu verlassen.

Egal was für ein Gefühlschaos es ist, mein Herz an zwei verschieden Orten der Welt zu haben, ich bereue es keine Sekunde lang. Das Austauschjahr ist nach wie vor die beste Entscheidung, die ich je in meinem Leben getroffen habe.

Das Jahr hat mich zu einem Menschen gemacht, von dem ich nicht einmal ahnen konnte, dass er in mir schlummerte. Das Jahr hat mich nicht nur einem anderen Land und einer anderen Kultur näher gebracht, es hat mir ein Zuhause erschaffen. Das Jahr hat mich gelehrt, dass die Welt zu schön ist, um sie sich entgehen zu lassen.

*"I am not the same, having seen the moon shine*
*on the other side of the world."*

*Mary Anne Radmacher*

## See you later

„See you later". Das war es, was ich am Flughafen in den USA meiner amerikanischen Familie hoch und heilig versprochen hatte, so wie sie es auch mir versprochen hatten. Ein Jahr später stellte sich dann heraus, wer das Versprechen zuerst einlöste: meine amerikanischen Eltern.

Dass Cindy und David mich besuchen würden, sollte eine Überraschung sein. Zuerst gelang es auch allen Beteiligten, es vor mir geheim zu halten. Aber als wir am Flughafen angeblich auf eine Freundin meiner Mutter aus Portugal warteten, war ich dann doch nicht unbedingt überrascht, stattdessen Cindy und David dort zu sehen.

Uns stand eine aufregende Woche bevor. Länger hatten sich Cindy und David leider nicht frei nehmen können. Aber diese Zeit reichte vollkommen aus, meinen Serotoninspiegel um das Hundertfache zu erhöhen. Endlich hatte ich die beiden Menschen, die mir ein ganzes Jahr über so sehr gefehlt hatten und von denen ich nicht wusste, wann ich sie wiedersehen würde, wieder bei mir. Und endlich war die

Zeit gekommen, dass sich meine amerikanische Familie und meine deutsche Familie kennenlernten.

Cindys und Davids Besuch bestand hauptsächlich aus Sightseeing. Mit dem Zug fuhren wir nach Berlin und erkundeten dort unsere deutsche Hauptstadt. Wir sahen uns das Brandenburger Tor, den Alexanderplatz, den Breitscheidplatz, den Reichstag, den Checkpoint Charlie, die East Side Gallery, das Holocaust Mahnmal  und den Tränenpalast an. Als wir an der im Zweiten Weltkrieg bombardierten Gedächtniskirche vorbeigingen, wurde selbst David etwas bedrückt. Alles, was er dazu sagen konnte, war, dass damals Schreckliches passiert sei. Alles, was wir tun konnten, war, ihm nickend zuzustimmen.

Cindy und David waren beide sehr interessiert an der deutschen Geschichte. Meine Eltern erzählten ihnen viel von der Zeit der DDR, dem Mauerfall und der Wiedervereinigung. Cindy sagte dazu, dass man Menschen nicht so voneinander trennen und Familien nicht so auseinander reißen dürfe. Wer kann ihr da schon widersprechen.

Als leidenschaftliche Köchin wollte Cindy natürlich auch ein Abendessen für uns zubereiten. Dafür gingen wir zusammen einkaufen und ich konnte Cindy zeigen, was wirklich typisch deutsches Essen ist. In den USA gibt es nämlich tatsächlich Aldi, jedoch unterscheidet der amerikanische Aldi sich in einigen Punkten deutlich von unserer deutschen Supermarktkette.

An der Kasse angekommen wusste Cindy nicht, dass wir in Deutschland unsere Ware selbst in Tüten packen. Mein Vater und ich legten währenddessen noch Waren auf das

Einkaufsband. Deswegen bekamen wir das ganze Spektakel erst mit, als die Verkäuferin Cindy schon fast anschrie, die Waren in den Einkaufswagen zu legen, da sie sich an der Kasse immer mehr anstauten. Cindy verstand natürlich kein Wort. Was sie aber auch ohne die deutschen Sprachkenntnisse deutlich verstand, war die Unfreundlichkeit der Kassiererin. Nachdem wir ihr erklärten, dass Cindy Amerikanerin war und außer den Worten: „Ich liebe dich“ und „Gesundheit!“ kein Wort Deutsch sprach, hatte die Kassiererin ganz offensichtlich ein schlechtes Gewissen.

Am Abend kamen dann auch meine Tante und mein Onkel, zu denen ich ein inniges Verhältnis habe, um endlich die Menschen zu treffen, von denen ich ihnen schon so viel erzählt hatte. Obwohl die beiden schon ewig kein Englisch mehr gesprochen hatten, gaben sie sich alle Mühe. Dass ich immer wieder als Übersetzerin herangezogen wurde, machte mir aber offen gesagt auch großen Spaß.

Am Tag vor der Abreise traf dann auch einer meiner besten Freunde auf meine amerikanischen Gasteltern. Er brauchte tragischerweise jedoch kaum Hilfe beim Übersetzen. Aber auch er verstand sich gut mit Cindy und David.

Als Letztes sahen wir uns dann noch gemeinsam das ehemalige Konzentrationslager Bergen Belsen an. Es fiel mir nicht leicht, Cindy und David zu erklären, dass all die großen Hügel in Wirklichkeit Massengräber waren, in jedem von ihm zwischen dreitausend und fünftausend Tote. Ich erzählte ihnen auch, dass die kleinen Steine auf den Grabsteinen als Symbol für die Trauer standen. Aus diesem Grund lagen auf allen Grabsteinen so viele der kleinen Steine, dass Cindy Schwierigkeiten damit hatte, noch einen dazu zulegen, ohne dass dabei andere Steine hinunterfielen.

Alles war hier so seelenruhig und friedlich. Es schien uns kaum vorstellbar, dass an diesem Ort einmal etwas so Schreckliches passiert sein konnte.

Dann war es leider wieder Zeit, Abschied zu nehmen. Eine Woche hatte längst nicht ausgereicht, um mich auf diesen Moment vorzubereiten. Aber auch wenn sie mich für ein ganzes Jahr besucht hätten, hätte das diesen Moment vermutlich nicht einfacher gemacht.

Zum zweiten Mal sagten wir nun einander: „See you later“ und auch dieses Mal konnte ich die Tränen, diese glücklichen Tränen, nicht stoppen.

Der Besuch von Cindy und David war augenscheinlich ein voller Erfolg. Meine amerikanischen Eltern versicherten mir, wie sehr es ihnen in Deutschland gefallen hatte und auch meine deutsche Familie sagte mir, dass Cindy und David beide sehr nett sein.

Die meisten Austauschschüler, mit denen ich mich unterhalten hatte, erzählten nur Gutes über das Aufeinandertreffen ihrer deutschen und ihrer amerikanischen Welt. Aber es bedarf auch Einfühlungsvermögen, damit keiner der Beteiligten das Gefühl hat, hinten anzustehen. Das kann tatsächlich auf beiden Seiten passieren. Zum einen habe ich immer versucht, Cindy und David in Gespräche mit einzubeziehen, auch wenn nicht jeder so gerne Englisch spricht. Zum anderen wollte ich aber auch nicht, dass meine deutschen Eltern plötzlich das Gefühl haben, mir nicht mehr wichtig zu sein. Das ist nicht immer einfach.

Ein weiteres Jahr später wurde es dann endlich Zeit, dass ich mein Versprechen einlösen würde. Nun wollte ich die Sommerferien in Michigan verbringen. Leider war es aufgrund der hohen Flugpreise lange Zeit nicht sicher, ob ich es mir leisten könnte. Ich hatte jetzt meine eigene Wohnung und haufenweise Rechnungen zu bezahlen. Erst als die Ferien schon angefangen hatten, konnte ich schließlich ein Flugticket nach Chicago buchen – nur vier Tage vor der Abreise!

Nach hastigem Kofferpacken stieg ich dann auch schon in den Zug nach Berlin, von dort würde ich zuerst nach Helsinki und anschließend nach Chicago fliegen. Obwohl es absolut keinen Sinn machte, dass sich meine deutsche Familie von mir verabschiedete, war ich trotzdem ein klein wenig enttäuscht. Ich wusste zwar, dass ich ja nur einen Monat und nicht wieder ein ganzes Jahr in den USA verbringen würde, aber ich hatte dennoch gehofft, dass sich meine Familie etwas mehr für mich freuen würde. Aber schließlich war es auch für sie eine große Überraschung, dass ich meinen Sommer doch noch so kurzfristig in Michigan verbrachte.

Als ich dann am Flughafen auf das Check-In wartete, hatte ich aber eine andere Begleitung. Das Fernweh zog mich an der Hand und lächelte mir überglücklich zu. Ja, auch ihm gegenüber hatte ich endlich mein Versprechen eingelöst.

Obwohl ich die Zeit in Finnland nur am Flughafen verbrachte, reichte mein Blick auf Helsinki durch das Flugzeugfenster aus, um in mir den Wunsch zu wecken, dieses Land eines Tages genauer zu erkunden.

In Chicago angekommen musste ich mich aber zunächst einmal auf die Einreise konzentrieren. Die amerikanischen Flughafenkontrollen schienen mir nur aus großgewachsenen Männern zu bestehen, die mich an das Militär erinnerten. Ich kannte die Einreiseprozedur zwar bereits, aber auch beim zweiten Mal schüchterte sie mich noch genauso ein wie zuvor. Die Kontrolleure waren zwar nicht unbedingt unfreundlich, aber sehr bestimmend. Möglicherweise wollten sie auch bewusst ihre Überlegenheit demonstrieren und die Reisenden damit einschüchtern, damit die Kontrollen strukturiert abliefen und sich alle an die Regeln hielten.

Dann traf ich endlich wieder auf Cindy und David. Ich freute mich unheimlich, die beiden wiederzusehen und das beruhte auch auf Gegenseitigkeit. Trotzdem waren wir dieses Mal alle etwas gelassener. Es war nicht mehr so spektakulär, dass wir uns gegenseitig vom Flughafen abholen. Das zeigte mir aber nur, dass wir wirklich eine Familie waren. Es blieb nicht der geringste Zweifel übrig, dass das auch für immer so bleiben würde. Das Austauschjahr ist nicht nach einem Jahr vorbei. Es begleitet dich für den Rest deines Lebens.

Als wir nach der zweistündigen Autofahrt wieder in Michigan waren, traf ich auch gleich auf die nächsten Familienmitglieder. Whitney, Gavin und Waylon warteten schon auf mich. Gavin kam  breit grinsend auf mich zugelaufen und rief

„Jeannek!", so hatte er mich immer genannt, weil er meinen Namen nicht aussprechen konnte. Ich war so überglücklich, dass er sich tatsächlich noch an mich erinnerte. Waylon, der noch ein Jahr jünger war als Gavin, konnte sich zwar noch an mich erinnern, aber meinen Namen wusste er nicht mehr.

Whitney berichtete mir dann, dass sie die beiden Jungen eigentlich mit meinem Besuch überraschen wollte. Sie hatte ihnen nur erzählt, dass sie jemanden wiedersehen würden, den sie schon sehr lange nicht gesehen hatten. Daraufhin hatte Gavin dann gerufen: „Jeannek! Cause I haven't seen Jeannek in a long time!". Er hatte mich tatsächlich nicht vergessen.

Meine Sommerferien in den USA waren fast so, als hätte ich Michigan nie verlassen. Ich ging zur Mall, kaufte mir haufenweise englische Bücher bei Barnes&Noble, spielte viel mit Gavin und Waylon und grillte über dem Lagerfeuer S'mores.

Viele meiner Freude waren nun an Colleges im ganzen Land verstreut. Katie war sogar nach Kalifornien gezogen. Nur Amanda traf ich immer wieder. Da sie direkt am See wohnte, waren wir gern mit ihrem Kanu auf dem Wasser. Und wir hatten uns ja so viel zu erzählen.

An einem Wochenende machten Cindy, David und ich dann wieder einen Ausflug nach Chicago, weil ich mich bei meinem ersten Besuch dort so in die Stadt verliebt hatte. Sogar Gavin nahmen wir mit auf seine erste Zugfahrt. In Chicago angekommen musste er dann immer von einem von uns die Hand halten. Zuerst war er noch super aufgeregt und wollte ständig umher laufen, aber dann wurde er immer müder. Seine kurzen Beine wollten ihn einfach nicht mehr tragen. Als wir uns dann zum Mittagessen in ein Restaurant setzten, schlief er nach wenigen Minuten über seiner Pizza ein.

Bei meinem zweiten Besuch in Chicago konnte ich mir auch den Willis Tower nicht entgehen lassen. Ich hatte ihn zwar zuvor schon von außen betrachten können, aber ich war noch nicht auf dem in 412 Metern Höhe gelegenen Skydeck gewesen. Diese Aussichtsplattform ist komplett aus Glas und ragt im 103. Stock über die Fassade des Willis Towers hinaus. Chicago liegt einem dann wirklich zu Füßen. Trotz seiner Höhenangst wagte sich selbst David auf den Glasboden der Aussichtsplattform. Als erstes ging jedoch völlig unbesorgt Gavin voran. So hoch über den Dächern Chicagos zu sein, schien ihn nicht im Geringsten zu beunruhigen. Noch ein paar Erinnerungsfotos und David konnte den großen Glaskasten endlich wieder verlassen.

Auch jetzt war ich wieder fasziniert von der Schönheit Chicagos. Der Navy Pier bietet einen so wunderbaren Ausblick auf die Skyline der Stadt. Obwohl die Vereinigten Staaten riesig sind und ich längst noch nicht alles gesehen habe, kann ich mit Sicherheit sagen, dass die „Windy City“ zu einem der schönsten Orte des Landes gehört.

In der ersten Woche im August findet in meinem kleinen Heimatort im Süden Michigans jedes Jahr die „4-H Fair“ statt. „4-H“ steht dabei für „head, heart, hands, health“. In den 4-H Clubs der *High School*s lernen die Schüler einiges über das Thema Landwirtschaft.

Die Fair ist eine große Veranstaltung, die zum Teil einem Stadtfest ähnelt. Es gibt Fahrgeschäfte für Groß und Klein und natürlich viele Essensstände. Zur Fair gehört, wie „4-H“ schon erraten lässt, aber noch mehr. Die Fair ist auch eine Art Landwirtschaftsausstellung, bei der die Mitglieder des

4-H Clubs Nutztiere präsentieren, die sie selbst gezüchtet haben. Diese Tiere werden dann bewertet und die besten „Future Farmers“ erhalten Pokale. Sie können sich dann entscheiden, ob sie ihre Tiere verkaufen möchten oder nicht.

Für mich war die Fair eine tolle Chance, noch einige alte Freunde und Mitschüler wiederzutreffen, die eigens für die Fair angereist waren. Amanda führte mich herum und zeigte mir, was sie an der Fair am liebsten mochte. Einige Zeit verbrachten wir zum Beispiel damit, mit den kleinen Kätzchen zu schmusen.

Abends fanden dann in der Freiluftarena einige Veranstaltungen statt. Es gab ein Konzert und einen „Truck Pull“ Wettbewerb, bei dem die Pick Up Trucks versuchen, einen Bremswagen möglichst weit zu ziehen. Außerdem fand auch das typisch amerikanische Bullenreiten statt.

Wie für die meisten Amerikaner war die 4-H Fair das Highlight meiner Sommerferien in den USA. David und ich haben sogar für den Keks-Wettbewerb riesige Zuckerkekse eingereicht. Wir haben zwar nichts gewonnen, aber die 50% Teilnehmerrabatt auf die Fair Tickets bekamen wir trotzdem.

Viel zu schnell saß ich wieder mit Cindy und David im Auto, auf dem Weg zum Flughafen nach Chicago. Ein letztes Mal hielten wir bei Taco Bell und genau wie immer verlor niemand ein Wort darüber, dass es bald wieder Zeit für ein „See you later“ sein würde.

Als ich meine amerikanischen Eltern noch einmal umarmte, wurde mir wieder einmal bewusst, wie sehr ich diese Menschen liebte und wie sehr sie mir ans Herz gewachsen waren.

*"Travel makes one modest. You see what a tiny place you occupy in the world."*

*Gustav Flaubert*

## What we are like

Mit einer Familie in den Vereinigten Staaten lernt man, kaum zu glauben, viel über die USA. Durch mein Austauschjahr habe ich aber auch viel über die deutsche Kultur und Mentalität gelernt. Erst wenn man seine Heimat verlässt, fallen einem die Unterschiede und Gemeinsamkeiten zu anderen Nationen auf.

Natürlich sind meine Erfahrungen und Ansichten subjektiv und Deutschland kann man genauso wenig wie jedes andere Land der Welt in eine Schublade stecken. Dennoch kann man einige Tendenzen feststellen.

Die Deutschen sind gefühlskalt, humorlos und ordnungsliebend – das sind nicht nur die im Ausland verbreiteten Stereotype, sondern auch viele Deutsche würden dieser Beschreibung nickend zustimmen. Wenn man sie dann aber fragen würde, ob sie selbst auch so sein, wäre das Resultat ein wildes Kopfschütteln. Wie sind wir denn nun wirklich?

Die Deutschen lieben die Natur. Deswegen wollen wir nicht nur so viel Zeit wie möglich im Freien verbringen, wir wollen die Natur auch erhalten. Immer mehr setzen wir auf erneuerbare Energien, wir verzichten so gut es geht auf Plastiktüten und trennen fleißig unseren Müll.

Aber wir haben auch weniger gute Eigenschaften. Wenn der Bus mal wieder nicht pünktlich kommt, müssen wir beim Busfahrer unseren Frust auslassen. Oder wenn wir uns mit jemandem streiten, dann sagen wir schnell Dinge, die wir später bereuen. Wenn uns nun aber auffällt, was für eine schöne Stimme der Straßenmusiker hat oder wie hübsch das Kleid der Frau ist, die uns im Bus gegenüber sitzt, dann bringen wir kein Wort über die Lippen. Ja, wir Deutschen sagen schnell, wenn uns etwas nicht gefällt, aber wenn wir etwas gut finden, halten wir viel zu oft den Mund. Dabei kann das Kompliment eines Fremden einem wirklich den Tag retten.  Warum halten wir denn ausgerechnet unsere Nettigkeit vor anderen Menschen zurück?

Manchmal neigen wir auch dazu, auf Menschen die einem Beruf nachgehen, für den keine langwierige Ausbildung oder ein Studium erforderlich ist, herabzublicken. Kindern wird schon von klein auf beigebracht, dass sie später einmal Abitur machen müssen, damit „aus ihnen etwas wird“. Jeder, der nicht mindestens Anwalt wird oder an einem Heilmittel gegen Krebs arbeitet, aus dem ist dann also „nichts geworden“? Ohne den Busfahrer, der auch Sonntags und an Feiertagen ab fünf Uhr morgens hinter dem Steuer sitzt, wären wir längst nicht so flexibel in unserem Alltag. Ohne die Supermarktangestellte, die um elf Uhr abends immer noch Regale auffüllt, könnten wir nicht schnell noch die Chips und Salzstangen für unseren Filmabend holen. Und ohne die Reinigungskräfte, die dann noch arbeiten, wenn alle anderen schon längst nach Hause gehen können, wäre unser Arbeitsplatz wohl bald ein Schlachtfeld. Stattdessen sollten wir unseren Kindern also beibringen, dass sie in jedem beliebigen Beruf einen wichtigen Beitrag zu unserer Gesellschaft leisten können.

Eng damit verbunden ist auch unsere Vorliebe für Statussymbole. Ob es nun der brandneue BMW, das teure neue iPhone oder das schicke Einfamilienhaus ist. Das ist ein Phänomen, das wir durchaus etwas kritischer betrachten sollten.

Die Deutschen sind aber auch  weltoffen. Sie sind aufgeschlossen anderen Kulturen und Lebensweisen gegenüber. In diesen Zeiten, in denen viele Menschen gezwungen sind, aus ihrer Heimat zu flüchten, wird das deutlicher denn je. Wir wollen den Geflüchteten helfen, ihnen ein besseres Leben ermöglichen und sie in unsere Gesellschaft integrieren. Wir wollen nicht der Angst nachgeben, sondern der Hoffnung.

Das ist wohl eine der besten Charaktereigenschaften der Deutschen – wir können aus Fehlern lernen, selbst aus denen, die wir nicht selbst begangen haben. Die Deutschen haben sich geschworen, nie, nie wieder  Unheil über die Menschen bringen. Egal, ob es sich nun um Minderheiten oder Mehrheiten handelt. Wir sind liberal.

Meiner Ansicht nach gibt es einen einfachen Weg, um herauszufinden, welche Aspekte des alltäglichen Lebens wir gemeinsam definieren sollten und welche jedem selbst überlassen bleiben sollten. Wenn ich zum Beispiel mitten in der Nacht die ganze Nachbarschaft mit meiner Lieblingsmusik unterhalten möchte, dann könnten manche Nachbarn das als Belästigung empfinden. Zu Recht, da sind wir uns vermutlich alle einig. Wenn ich aber herausfinde, dass mein Nachbar in einer homosexuellen Beziehung lebt, kann ich mich dann immer noch zu Recht gestört fühlen? Nein. Das ist ein Aspekt, der mich in keiner Weise in meinem persönlichen Leben beeinflusst oder gar einschränkt. Nur solange mein Verhalten nicht nur mich selbst betrifft sondern auch Einfluss auf andere Menschen hat, gilt es, stets Rücksicht zu nehmen.

Für viele Deutsche ist Nationalstolz noch immer gleichbedeutend mit Nationalsozialismus. Jedes andere Land der Welt darf stolz seine Flaggen präsentieren und die Nationalhymne singen, nur uns Deutschen scheint das verwehrt zu bleiben. Die einzige Ausnahme ist alle vier Jahre die Fußball Weltmeisterschaft. Der Trend entwickelt sich jedoch durchaus hin zu mehr Patriotismus. Vor allem in den jungen Generationen scheint die Deutschland-Flagge weitaus weniger verpönt zu sein.

Halten sich Deutsche wirklich so penibel an Regeln? Ja und nein. Es gibt Regeln und Vorschriften, an die sich in Deutschland fast jeder hält. Ob das nun das Halten vor einer roten Ampel ist oder das Vorbeilassen eines Krankenwagens. Manche Regeln werden dagegen eher ‚vergessen' oder sehr flexibel ausgelegt. So ist es zum Beispiel mit dem detaillierten Beachten der FSK bei Filmen oder einer Hausordnung. Aber wodurch kommt dieser Unterschied?

Es liegt daran, dass wir mündig sind, unseren eigenen

Verstand benutzen. Regeln, die wir für sinnvoll und moralisch wertvoll erachten, halten wir stets ein. Regeln dagegen, die auch ohne ihre strikte Einhaltung keine Katastrophe verursachen würden, nehmen wir nicht ganz so genau.

Wir Deutschen tun nicht mehr einfach das, was uns vorgeschrieben wird, ohne dabei unseren eigenen Kopf zu benutzen und das Gesagte zu hinterfragen. Und das ist auch gut so. Es ist von großer Bedeutung, dass wir moralisch urteilsfähig sind und es bleiben. Nichts und niemand sollten uns je dazu bringen, völlig unkritisch der Autorität zu folgen.

Dass wir Deutsche ganz und gar nicht humorlos sind, musste auch David ziemlich schnell feststellen. Ich hatte nicht nur immer ein Comeback auf seine Witze auf Lager, ich machte tatsächlich auch selber welche.

Wir haben nicht den ganzen Tag lang ein todernstes Gesicht aufgesetzt, wir können tatsächlich auch lachen.

Außerdem sind die Deutschen äußerst hilfsbereit. Wenn wir auf dem Boden eine Brieftasche finden, bringen wir sie zum Fundbüro, bevor wir ihr die schönen Scheine entnehmen. Ich bin sogar einmal für einen Kilometer einem Skateboarder hinterhergelaufen, weil ich gesehen hatte, wie ihm seine Geldbörse heruntergefallen war. Aber es geht noch weiter. Wir setzen uns jeden Tag nicht nur für unsere eigenen Rechte ein, sondern kämpfen auch für die der anderen. Wir streben nicht nur nach unserem eigenen Glück, sondern wollen unseren Mitmenschen auch zu ihrem verhelfen.

Dafür spenden wir nicht nur Geld oder alte Kleidung.

Viele Menschen gehen auch regelmäßig Blut spenden und mehrere Millionen Deutsche haben sich auf ihrem Organspendeausweis bereit erklärt, ihre Organe nach ihren Tod zur Verfügung zu stellen, um anderen Menschen eine Chance auf ein neues Leben zu schenken. Das ist ein Thema, das sich wohl jeder zumindest einmal durch den Kopf gehen lassen sollte.

*"A great way to learn about your country is to leave it."*
*Henry Rollins*

## President Trump

Donald Trump. Der zurzeit vermutlich meist gebrauchte Name im Zusammenhang mit den Vereinigten Staaten. Einige potenzielle Austauschschüler fragen sich nun, ob ein Schuljahr in den USA bei der neuen Politik aus Washington D. C. überhaupt noch ratsam sei. Obwohl mein Austauschjahr noch vor Trumps Amtsantritt stattfand, kann ich diese Frage eindeutig beantworten – Ja!

Als ich im Sommer 2017 meine Gastfamilie in Michigan besuchte, haben mich die Menschen dort keineswegs weniger freundlich behandelt als noch während meines Austauschjahres. Genau wie schon zwei Jahre zuvor waren alle, denen ich vorgestellt wurde, begeistert darüber, mich kennenzulernen und mehr über das Leben in Deutschland zu erfahren. Diese amerikanische Gastfreundlichkeit hat sich nicht im Geringsten geändert.

Natürlich kann es vorkommen, dass du als Austauschschüler von negativen Kommentaren nicht verschont bleibst. Das war aber auch schon der Fall, bevor Donald Trump Präsident wurde. Ausländerfeindliche und rassistische

Amerikaner sind nicht erst durch Präsident Trump ausländerfeindlich und rassistisch geworden. Diese Einstellungen gab es schon vor der neuen Politik, sie sind nicht aus dem Nichts heraus entstanden.

Ich möchte nicht abstreiten, dass es seit Trumps Amtsantritt häufiger als zuvor zu rechtsradikaler Gewalt gekommen ist. Gleichzeitig setzten sich die Amerikaner aber auch sehr viel stärker für die Demokratie und deren Grundsätze ein. Vor allem junge Menschen scheinen Trump sehr zu kritisieren. Überall in den USA demonstrieren sie für die Meinungsfreiheit und für vorurteilsfreie und aufgeschlossene Lebensweisen.

Kein angehender Austauschschüler sollte sich nur aufgrund des neuen Präsidenten in seiner Sicherheit bedroht fühlen. Auch mit Trump ist die USA nicht zu einem Kriegsgebiet geworden. Nicht alle Amerikaner, die Donald Trump unterstützen, wenden sich gegen alle Einflüsse aus dem Ausland. Während meines vierwöchigen Besuchs in den USA habe ich mit einigen Menschen gesprochen, die die neue Politik befürworten und keiner von ihnen war mir gegenüber unhöflich oder gar rassistisch. Aus diesem Grund hoffe ich inständig, dass Schüleraustauschprogramme nicht unter der derzeitigen politischen Entwicklung zu leiden haben.

Die größte menschliche Angst ist die vor dem Unbekannten. Deshalb können wir die Angst vor Menschen mit anderen ethnischen Hintergründen nur dann vollkommen besiegen, wenn wir diese Menschen kennenlernen und mehr über sie erfahren. Die beste Möglichkeit, das zu schaffen, ist nach wie vor das Reisen.

Aus diesem Grund sind Austauschschüler wie junge Friedensbotschafter. In einer Zeit, in der von so vielen Seiten aus Hass und Angst verbreitet wird, leisten sie einen wichtigen Beitrag dazu, die Freundschaft zwischen den Nationen überall auf der Welt zu erhalten.

*“The use of traveling is to regulate imagination with reality, and instead of thinking of how things may be, see them as they are.”*

*Samuel Johnson*

# Anhang

Hier habe ich für euch Fragen zusammengestellt, die vor Beginn des Austauschjahres am häufigsten gestellt werden.

*Wann muss ich mich bewerben?*

Meiner Erfahrung nach solltest du etwa eineinhalb Jahre vor deinem gewünschten Abreisetermin anfangen, dich über die verschiedenen Organisationen zu informieren und dich zu bewerben. Bei den meisten Organisationen fangen die Vorbereitungen für das Austauschjahr (zum Beispiel die Bewerbung für ein Visum) nämlich ein Jahr im Voraus an. Außerdem solltest du dich immer über die Bewerbungsfristen der einzelnen Organisationen informieren.

*Wie verläuft das Bewerbungsverfahren?*

Bei YFU wirst du, nachdem du eine schriftliche Bewerbung

ausgefüllt hast, zu einem Bewerbungsgespräch eingeladen. Das findet in einer Gruppe mit anderen Bewerbern statt und zumindest bei YFU musst du dort kein Wort Englisch reden. Es geht lediglich darum, mehr über deine Persönlichkeit zu erfahren. Die Organisatoren möchten herausfinden, wie du in einigen Situationen, die in deinem Gastland auf dich warten könnten, reagieren würdest. Es gibt also keinen Grund zur Sorge!

Nach ein paar Wochen erhältst du dann ein Antwortschreiben und hoffentlich deine Zusage.

Wenn du angenommen wirst, musst du (erst dann) einen Englisch-Test bestehen. Mir wurde damals von YFU versichert, dass dieser Test nur sehr selten nicht bestanden wird.

*Kann ich mir das Gastland frei aussuchen?*

Bei vielen Organisationen gibt es bestimmte Länder, die nicht als potenzielles Gastland angeboten werden. Abgesehen davon kannst du selbst entscheiden, welches Land deine neue Heimat werden soll. Dennoch kann dir YFU auch ein anderes Gastland anbieten, falls du für dein gewünschtes Gastland aufgrund der hohen Anzahl an Bewerbern eine Absage erhalten solltest. Dann musst du überlegen, ob du diesen Alternativplatz annehmen möchtest.

*Kann ich Wünsche an meine Gastfamilie stellen?*

Bei YFU gibt es eine begrenzte Anzahl von Wünschen, die du an deine Gastfamilie stellen kannst. Ausgeschlossen ist dabei jedoch der genaue Wohnort (der Staat oder die

Region) innerhalb deines Gastlandes. Du kannst also nicht angeben, dass du zum Beispiel gerne in Florida wohnen möchtest. Ich habe damals bei YFU angegeben, dass die Gastfamilie nicht im Haus rauchen sollte (außerhalb des Hauses war es dagegen in Ordnung). Außerdem wollte ich nicht, dass meine zukünftige Gastfamilie Schlangen oder Spinnen als Haustiere hält. Solche Wünsche werden dann von der Organisation berücksichtigt. Dennoch sollte dir bewusst sein, dass deine Chancen auf eine geeignete Gastfamilie immer mehr sinken, je mehr Anforderungen du hast.

*Muss ich für ein ganzes Jahr ins Ausland gehen?*

Nein, du kannst auch nur ein halbes Schuljahr oder aber ein paar Wochen in einem anderen Land verbringen.

*Muss ich nach meinem Austauschjahr ein Schuljahr in Deutschland wiederholen?*

Leider wird dir das Austauschjahr zurzeit oft nicht als Schuljahr angerechnet. Du musst also meistens das Jahr, das du verpasst hast, wiederholen. Ich kann dir jedoch nur raten, dich nicht nur aus diesem Grund gegen ein Austauschjahr zu entscheiden. Du musst dann zwar ein Schuljahr nachholen, aber dafür hast du für den Rest deines Lebens eine zweite Heimat!

*Wie hoch sind die Teilnahmegebühren?*

Die Höhe der Teilnahmegebühren kann stark variieren. Die Kosten hängen sowohl von der Organisation als auch von deinem Gastland und der Dauer des Auslandsaufenthaltes ab. Die Kosten für ein Schuljahr in den USA fangen bei circa 8.000 Euro an.

*Wie kann ich die Kosten senken?*

Die meisten Schüleraustausch-Organisation bieten eine Vielzahl an Stipendien an, für die du dich bewerben kannst. Es gibt Voll- und Teilstipendien. Außerdem wird häufig Ratenzahlung (auch über die Dauer deines Austauschjahres hinweg) angeboten. Auch für Auslands- Bafög solltest du dich gegebenenfalls bewerben. Auf keinen Fall sollte ein Austauschjahr an den Kosten scheitern.

*Was ist, wenn ich mich nicht mit meiner Gastfamilie verstehe?*

Falls du dich mit deiner Gastfamilie nicht verstehen solltest, hast du immer die Möglichkeit, die Gastfamilie zu wechseln. Das sollte jedoch nicht aufgrund von materiellen Werten stattfinden. Während des gesamten Austauschjahres hast du einen Ansprechpartner bei YFU, an den du dich bei Problemen oder Fragen wenden kannst. Du stehst also nie alleine dar.

*Was ist, wenn ich doch früher als geplant nach Hause zurück möchte?*

Natürlich kann dich niemand dazu zwingen, in deinem Gastland zu bleiben. Trotz der intensiven Vorbereitung auf den bevorstehenden Kulturschock und das Heimweh kann es vorkommen, dass Schüler das Austauschjahr abbrechen. Falls du zu starkes Heimweh hast oder aus anderen Gründen wieder nach Hause möchtest, kannst du dich an deinen Ansprechpartner vor Ort wenden.

*Kann mich auch meine Schüleraustausch-Organisation nach Hause schicken?*

Bei YFU ist es möglich, dass der Austauschschüler auch ohne seine Einwilligung wieder nach Hause geschickt wird. Das ist aber nur der Fall, wenn wiederholt wichtige Regeln gebrochen werden und es kommt nur sehr selten vor.

*Wie kann ich mich ehrenamtlich engagieren?*

Es gibt viele Möglichkeiten, dich ehrenamtlich für den Schüleraustausch einzusetzen. Beispielsweise werden immer wieder ehemalige Austauschschüler gesucht, die als Teamer bei den Vorbereitungstagungen dabei sind. Außerdem kannst du auch Austauschschülern in Deutschland bei ihrer Eingewöhnung helfen oder dich als Gastfamilie anmelden.

# Informationsquellen

Zu guter Letzt findet ihr hier eine kleine Liste mit Büchern und Internetseiten, die euch als angehender oder ehemaliger Austauschschüler interessieren könnten:

„PONS Erste Hilfe Schüleraustausch USA & Kanada: Ankommen und Klarkommen"

„Fettnäpfchenführer USA: Mittendurch und Drumherum" von Kai Blum

„SuperSize Life: Mein texanisches Jahr" von Anna Sophia Burch

„Die Rückkehr aus dem Austauschjahr: Das Ende vom Anfang" von Janina Gatzky und Bent Richter

https://www.auslandsjahr.org/auslandsjahr-usa.html

https://www.auslandsjahr.org/auslandsjahr-programme.html

http://www.schueleraustausch-abc.de/

https://www.schueleraustausch.net/ratgeber

Printed in Poland
by Amazon Fulfillment
Poland Sp. z o.o., Wrocław

76394678R00103